MINERVA
人文・社会科学叢書
221

「稼得とケアの調和モデル」とは何か

―「男性稼ぎ主モデル」の克服―

田中弘美著

ミネルヴァ書房

「稼得とケアの調和モデル」とは何か

——「男性稼ぎ主モデル」の克服——

目　次

第Ⅱ部 「柔軟就労・共同ケア型」への移行
——《動態論》イギリスの事例から探る——

序　章

「男性稼ぎ主モデル」の克服

1　なぜ「男性稼ぎ主モデル」を克服しなければならないのか

（1）　2つの理由

　現在日本が抱えているもっとも重大な課題の1つは「男性稼ぎ主モデル」
の克服だろう。「男性稼ぎ主モデル」とは，「男は仕事，女は家庭」の性別役
割分業を基軸とする家族モデルを指す。日本の税制，社会保障，労働市場は，
いずれもこの家族モデルにもとづき形づくられてきた。本書ではこれを「男
性稼ぎ主モデル」の社会・生活保障システムと呼ぼう。

　では，なぜ社会・生活保障システムにおける「男性稼ぎ主モデル」は克服
されなければならないのか。それには大きく2つの理由がある。

　第1に，このモデルが機能するための前提条件がすでに崩れているためで
ある。「男性稼ぎ主モデル」は1960〜70年代の高度経済成長を背景に，「安定
した雇用」と「安定した家族」を前提として成り立っていた。男性の「滅私
奉公」的な勤労と引きかえに，企業が年功賃金，妻子の扶養への家族手当，
住宅援助などを含む福利厚生を提供する一方，他方では女性が主婦として家
庭にとどまり家事・育児などの無償労働を提供した。このような性別役割分
業の徹底によって，家族全体の生活や福祉が保障されるしくみであった。

　ところが1990年代以降は，グローバリゼーションや規制緩和の動きを受け
て企業では賃金体系や福利厚生のあり方が見直され，また大規模なリストラ
が敢行されるなど「安定した雇用」の根幹が揺らいだ。男性の収入だけで一

家を養うことがむずかしくなってきたのである。さらに「安定した家族」も崩れつつある。近年の晩婚化・非婚化の進行，離婚率の上昇からみても，もはや誰もが結婚し，結婚という制度内で子どもを産み育てることが当たり前の時代ではない。またたとえ結婚・出産したとしても，家庭に専念せずに就業する女性は増加の一途をたどっている⁽³⁾。

　つまり，安定した雇用と家族の基盤を失った現代社会においては，家族全体の生活保障が夫の稼得役割および妻の家事・育児役割の上に乗っている図式はまさに「砂上の楼閣」であり，その意味で「男性稼ぎ主モデル」はきわめてリスキーな社会・生活保障システムなのである。

　第2に，このモデルは人びとの生き方の選択肢の幅を著しく狭めるためである。先述のとおり，「男性稼ぎ主モデル」では性別役割分業と社会・生活保障が密接に結びついているため，母子家庭などこのモデルを逸脱する家族は危機にさらされる。近年，子どもの貧困への注目が高まっているが，母子家庭の実に半数以上が貧困線以下の収入で生活している⁽⁴⁾。これは，日本の労働市場がいまだ「主婦のいる」男性労働者を想定した構造となっているからにほかならない。長時間労働ができない母子家庭の母親の多くは，非正規雇用を選択せざるをえず，またそれを補填する社会手当も十分でないのが現状である。

　裏を返せば，「男性稼ぎ主モデル」の社会では夫婦関係が破綻していたとしても，子どもの生活保障のために離婚を選択できない（しない）女性が多いことが予想される。しかし，そのような状況は，女性がDVやハラスメントなど劣悪な家庭環境から逃げられないリスクをはらむものである。また破綻した夫婦関係のなかでは，子どものウェルビーイングや家族としてのQOL（Quality of Life：生活の質）が向上するとは考えにくい。

　つまり，「男性稼ぎ主モデル」の社会・生活保障システムにおいては，生き方の選択肢が著しく制限され，性別役割分業から「降りる」ことが容易ではない。しかしこの「降りられない」プレッシャーが男性と女性の両方を苦

しめていることも事実である。たとえば，稼得責任のプレッシャーは長時間労働を助長し，このことは働き盛りの男性のメンタルヘルスや夫婦関係の健全性に重大な影響を及ぼしている（渥美 2010；黒田・山本 2014）。一方で，家事・育児責任のプレッシャーによる産後うつ，育児ノイローゼなどに苦しむ女性も少なくない。[5]

（２）過渡期にある性別役割分業

　前記のような筆者の問題意識を補足するために，結婚・子育てにおける性別役割分業の現状について，データを示しながら簡単にみておきたい。

　まず，「男性稼ぎ主モデル」が機能する前提条件の変容として，共働き世帯の増加が挙げられる。共働き世帯は，1997年に専業主婦世帯の数を上回り，現在では結婚している世帯の6割が共働き世帯である（内閣府男女共同参画局 2016）。ただし，その内実は女性（妻）の非正規雇用の増加であり，正規雇用の割合は少ししか増えていない（内閣府男女共同参画局 2014）。つまり，「働く夫と専業主婦」世帯から「働く夫とパート主婦」世帯への変容である。これは，「共働き」への移行が必ずしも「男性稼ぎ主モデル」からの完全な脱却を意味しないことを示す。

　さらに，家庭での家事・育児においては性別役割分業がいまだ根強く残っている。生活時間調査によると，週の全体平均時間として，「子どもをもつ共働き夫婦」の夫は仕事に456分，家事に12分，育児に12分を費やしている（総務省統計局 2011）。一方，妻は仕事に245分，家事に207分，育児に45分を費やしており，妻の方が圧倒的に多くの家事・育児労働を行っていることがわかる。仕事と家事・育児の時間を合計すると，夫が480分，妻が497分となり，全体としては妻の方が「長時間労働」なのである（同上）。

　以上から，共働き世帯が多数派となった背景には，多くの女性がこれまでの家事・育児労働に加えて非正規雇用として働きだした実態がみえる。つまり共働き世帯の増加は，女性が「多重役割」を引き受けるという変化によっ

てもたらされたものであるといえる。

　次に，人びとの生き方の選択肢に関して，子どもができても働きつづけることを希望する女性が増えている。女性の就業に関する意識調査によると，1992年には約半数の女性が「子どもができたら職業をやめ，大きくなったら再び職業をもつ方がよい」と考えていたが，2004年以降は「子どもができてもずっと職業を続ける方がよい」という考えが逆転し，今では約半数の女性が出産・育児のライフイベントにかかわりなく仕事をつづけたいと考えている（内閣府男女共同参画局 2016）。実際に2015年には，第一子の出産を経ても仕事をつづける女性の割合がはじめて5割を超えた（国立社会保障・人口問題研究所 2016）。

　また意識の面では男性にも変化がみられる。たとえば，家庭での家事・育児の役割について，「妻が主体」と考える男性は年齢が上がるほど多くなり，20代と60代以上では30ポイント以上の差がある⁽⁶⁾（内閣府 2013）。一方で，20〜40代男性の4割が「妻も夫も同様に行う」と考えている（同上）。また男性が家事・育児を行うことのイメージについても，20〜40代男性の6割が「子どもにいい影響を与える」「男性も家事・育児を行うことは当然」と答えている（内閣府 2014a）。このように意識の面においては，性別役割分業に賛成しないという男性が若年層を中心に増えている。

　さらに，もう少し違う角度からもみてみよう。現在結婚していない20代，30代の男女に，結婚していない理由を聞いた調査では，男女ともにもっとも多い理由として「適当な相手にめぐり合わない」が挙げられた。だがそれに次ぐ理由は，男性で「結婚後の生活資金が足りないと思う」（35.2%）であり，女性で「自由や気楽さを失いたくない」（25.6%）であった（内閣府 2014b）。これは現実の結婚に関しては，かれらのなかで「男は稼がなければならない，女は家庭を守らなければならない」という性別役割分業観が内面化されている部分があり，それぞれ稼得責任，家庭責任に不安や重圧を感じていることを示唆する。

　以上から，性別役割分業の現状として2つのことがいえる。第1に，共稼ぎ世帯が増えてきたが，「男性稼ぎ主モデル」から完全には脱却しておらず，女性は「多重役割」を担っている。第2に，意識の面では男女ともに伝統的な性別役割分業にとらわれない考え方が，特に若・中年層のあいだで受け入れられつつある。

　つまり現状では，性別役割分業をめぐる現実と理想（意識）には一定程度のギャップが存在していると考えられる。したがって，人びとのライフスタイルをめぐるより多様な選択肢を保障するためにも，「男性稼ぎ主モデル」とは異なる社会・生活保障システムを構想し，構築することが求められる。

（3）社会的メリット

　ここまで，「男性稼ぎ主モデル」を克服する必要性について述べてきた。ではもし「男性稼ぎ主モデル」を克服できたとしたら，そこにはどのような社会的メリットが見出せるだろうか。これには大きく3点があると筆者は考えている。

　第1に，貧困などの福祉的課題の発生・拡大を予防することである。女性の稼得力が向上し家計収入への寄与が大きくなれば，個々の家庭における貧困リスクは低減する。とりわけ男性だけでなく女性も「標準的な労働者」とみなされ，稼ぐことと子育てとを無理なく両立できる社会においては，離婚などで母子家庭になったとしても，すぐさま経済的困窮に陥るといった状況を防ぐことができるだろう。

　第2に，個人・家族のウェルビーイングが向上することである。「男性稼ぎ主モデル」の社会では，人びとは固定的な性別役割に押し込められる側面があった。ライフスタイルの自由が制限された状態で，男性も女性も少なからず窮屈さや重圧を感じることがあったと思われる。仕事と家庭をめぐる多様な選択肢があれば，人びとのメンタルヘルスやQOLは現在よりも向上するはずである。そして家庭のなかの父親，母親のウェルビーイングが高まれ

ば，子どもや家族全体にも良い影響を与えるだろう。

第3に，経済や財政の面でプラスの影響をもたらすことである。より多くの女性が出産・育児を理由に離職することなく働きつづけることが可能になれば，経済成長にプラスの効果が期待できる（ゴールドマン・サックス 2014）。また家計収入が増えれば，消費の拡大も見込める。さらに，女性の所得への課税は政府の税収を増大させ，これは持続可能な社会保障制度にとっても重要である。

このように「男性稼ぎ主モデル」を克服することには，貧困など福祉的課題の予防，男女・子ども・家族全体のウェルビーイングの向上，さらには経済の活性化や財政への貢献といった多層的なメリットが指摘できる。

2 　研究枠組み

（1）これまでの政策論議に欠けていた視点

これまでの家族・子育て支援においては，とりわけ1990年代以降，政策面でいくつかの重要な進展がみられた。育児・介護休業制度の導入（1992年，[7]1999年），男女共同参画社会基本法の施行（1999年），男女雇用機会均等法の拡充（1999年，2007年，2014年，2016年）などである（大沢 2011）。

しかし不十分だと感じる点もある。たとえば，これまでの政策論議は「少子化対策」の枠組みを出なかったことである（渋谷 1999）。この枠組みから議論する以上，政策目標は必然的に「出生率の上昇」になる。[8]だがこれは，結局のところ，「国の論理」である。もちろん，このまま少子高齢化が進めば日本の経済と社会保障は立ち行かなくなるという危機意識は筆者も共有している。

しかしながら，少子化や出生率の問題に矮小化されることで，問題のより本質的な部分は議論されないままとなってしまうのではないか。それは，前述のとおり，固定的な性別役割分業とこれを前提とした社会・生活保障シス

テムのあり方である。児童虐待や子どもの貧困が深刻になっているいま，単に子どもの数が増えればよいという問題意識は浅薄である。生まれてくる子どものために，子どもを育てる父親や母親のために，わたしたちはどのような社会・環境をつくっていくべきなのか。国も研究者も国民も，この問いに正面から向き合い，議論していく必要がある。

　そのような議論に欠かせないのがジェンダーの視点である。ジェンダーの視点は，女性と男性の両方を含み，その関係性を総体として捉えるものである。しかし，これまでの政策論議では，主に女性の（仕事と育児の両立の）問題として扱われることが多かった。その結果として，前述のような政策の実施から25年が過ぎた今日においても，男性のライフスタイルや男性中心の企業・社会のあり方を大きく変えるまでには至っていない。

　もっとも，男性が変わることの重要性はこれまで幾度となく指摘されてきた。だがそのような議論においても，男性の家事・育児への「参加」や「協力」は，あくまで女性の（継続的）就業という目的を達成するための必要条件として「手段的」に捉えられる傾向が強かった。しかしながら既述のとおり，性別役割分業の規範によって男性自身も苦しんでいる現状が少なからずある。その点において「男性稼ぎ主モデル」の克服は，女性のためだけでなく，男性自身にとっても重要な意味をもつ。また女性側だけの対応で解決されるものでもない。だからこそ，男性も含めたシステム全体での見直しが必要なのである。

　さらに，これまでの政策のもう1つの問題点として，政策を「パッケージ」として捉えていない点が挙げられる。そのため実施される施策間の連関性が薄く，相反する効果をもつものさえある。たとえば，「男女雇用機会均等法」と所得税の「配偶者控除」や年金の「第3号被保険者制度」である（堀江 2005）。前者は雇用における性差別の是正を目的とし，後者は税制・社会保障制度において主婦を優遇する効果をもつ。

　これらが並存することにより，一方で女性の就業を推進しながら他方では

抑制するという，いわばアクセルとブレーキを同時に踏んでいる状態を招いている。このような政策における首尾一貫性の欠如の一因は，各施策がよりどころとする共通の政策ビジョンがない点にあると思われる。したがって，政策の実効性を高めるためには，個々の施策の存在意義や目的を包摂する共通のビジョンと，それにもとづいた総体としての「政策パッケージ」のあり方を検討することが求められる。[13]

（2）新しい視座の導入

　以上のような現状を打開するために，本書では新しい視座を導入して「男性稼ぎ主モデル」の克服にせまってみたい。それは「規範論」「政策論」「動態論」である（埋橋 2003）。

　この視座をとおして本書が明らかにしようとする点を，リサーチ・クエスチョンのかたちで言い表すと，以下のようになる。

①　規範論：「男性稼ぎ主モデル」に代わるどのような社会システムをめざすべきか。
②　政策論：そのめざすべき社会システムは，どのような政策によって具現化されるのか。
③　動態論：その政策は，どのようなプロセスを経て選択・決定され実施に至るのか。

　筆者はこれらすべてを検討することなしに「男性稼ぎ主モデル」の克服はありえないと考えている。その理由について，以下で「規範論」「政策論」「動態論」それぞれの意味するところとその重要性を示しながら論じたい。

　まず，「規範論」とは社会のあるべき姿に関する理念・理想である。どのような政策も価値中立的であるわけではなく，その社会における価値観を包含している。理念なき政策はありえないと考えてもよい。このような理念・

理想は，政策の正当性がよりどころとする根拠，すなわち政策構想や政策評価の規範的指針にもなる。

　次に，「政策論」とは前記のような理念・理想を個々の政策レベルに落とし込み，体現したものである。政策論に関する検討には２つのアプローチがある。１つは，単体の施策・制度がどのような理念を体現しているかを問題とするアプローチであり，もう１つは複数の施策・制度が組み合わさって「政策パッケージ」を構成し，それがどのような理念を体現しているかを問題とするアプローチである。

　より具体的にいえば，たとえば育児休業制度がどのような理念にもとづいているかを探るのが前者であり，育児休業制度・保育サービス・労働政策などで構成される「政策パッケージ」が総体としてどのような理念にもとづいているかを探るのが後者である。「男性稼ぎ主モデル」は単体の施策で克服できるものではないというのが筆者の考えであるため，前述のとおり本書では「政策パッケージ」のアプローチをとる。

　最後に，「動態論」とは政策が実際に動いていくダイナミズムである。政策はひとところに終始とどまっている静態的なものではなく，時代とともに変化・展開していく。その変化の背景にある原動力や要因をとらえようとするのが動態論である。またそのダイナミズムは，政策自体から生まれるものではなく，政治や社会構造と深く関係している。

　なぜ「規範論」「政策論」「動態論」がそれほどまでに重要なのか。それは，この３つの視座をとおして「男性稼ぎ主モデル」を捉えることで，その克服のプロセスをより体系的に検討することが可能となるからである。

　「男性稼ぎ主モデル」に代わる新しい社会システムを構築するには，その「手段」を考えることが不可欠である。つまり，どのような政策パッケージをもって構築するのかという方法についてであり，これは「政策論」にあたる。しかしながら，「どのような政策」という手段は「何を」体現したいのかという目的によって変わる。

仮に「男性稼ぎ主モデル」という旧いシステムから離脱したとしても，目的地がなければ進みようがない。目的地など無視してただ進むこともできなくはないが，それではいつ，どこにたどり着けるのかわからない。したがって，「手段」の検討にはその目的地となる「ビジョン」が欠かせない。このビジョンこそが「規範論」である。つまり，「男性稼ぎ主モデル」に代わってわたしたちがめざすべき社会システムの「オルタナティブ・ビジョン」はどのようなものか，を考えることが何よりもまず必要となる。

　次に，「ビジョン」があってもそれを実現する具体的な「手段」を描けなければ，ビジョンは絵空事のままである。つまり，目的地にたどり着くための経路を選択しなければならない。ここではじめて，どのようにしてこのビジョンを具現化するのかという「政策論」が必要となる。政策論では，ビジョンを具現化しうる政策パッケージにはどのようなものがあるか，それは1つの手段なのか，それとも複数の手段の選択肢があるのか，といった点が検討されなければならない。

　かくして「ビジョン」を具現化するための「手段」が明らかになる。だが実際に，その手段（政策パッケージ）が政治的に選択・決定され実施に至らなければ，やはり新しい社会システムが現実のものになることはない。つまり，ビジョンを具現化する手段を形成するための「道筋」が描かれなければならない。これが「動態論」である。ここでは，実際に政策はどのように選択・決定されるのかというメカニズムを明らかにすることが重要となる。なぜならこうしたメカニズムの解明は，「手段」の形成のための「道筋」においては何が必要あるいは有効か，といった具体的な手立てや戦略を考えるうえで欠かせない知見となるからである。

　ここまで述べてきたことをまとめると，図序－1のようになる。めざすべき目的地のビジョン（規範論），そのビジョンを具現化しうる手段（政策論），その手段を実際の政策として選択・決定するための道筋（動態論①）が連動してはじめて，「男性稼ぎ主モデル」の社会・生活保障システムを克服する

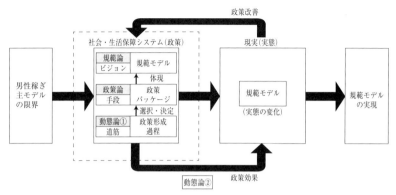

図序-1 研究の構図

注：本書における分析の主な焦点（点線の枠内）。
出所：筆者作成。

ためのプロセスを体系的に検討することができる[14]。

　反対に，3つの視座のうちいずれか1つでも欠けると，「男性稼ぎ主モデル」の克服の検討は不十分なものとなるだろう。まず，明確なビジョンがなければ，準拠する規範的指針のない政策は目的や中身のない空洞化したものになるおそれがある。また個々の施策・制度が異なる家族・ジェンダーモデルを想定すれば，政策パッケージとしての首尾一貫性が失われる（堀江 2005；辻 2012）。次に，ビジョンがあっても具体的な手段を見出せなければ，ビジョンは単なる絵空事に終わってしまう。そしてビジョン・手段が明確になったとしても，手段を形成するための道筋が選択されなければ，ビジョンを具現化する手段の構築は成功しないだろう。

　以上のとおり，「男性稼ぎ主モデル」の克服には，3つの視座を連動させた検討が不可欠である。にもかかわらず，研究史においては規範論，政策論，動態論は互いにそれほど交差することなく，別々に展開されてきた。これについては次章で詳しく述べるが，3つの視座が効果的に結びつけられていないことが，日本において「男性稼ぎ主モデル」からの脱却がなかなか進んでいかない一要因であるようにすら思われる。したがって本書では，規範論，

政策論，動態論の３つを有機的に結びつける視座から「男性稼ぎ主モデル」の克服に挑んでみよう。

（3）方法論

　本書の方法論的な立脚点について，いくつか明示しておきたい。

　第１に，本書は「理想主義的現実主義」（山脇 2005：71）に立脚して議論を進める。この立場は，一方で理想とする社会のビジョンをもちながら，他方では「観念論や能天気なユートピア主義と違って，そうした理想がリアルな社会で実現可能かどうか，冷徹な社会科学的な認識を通して熟慮する道を選ぶ」（同上）ものである。したがって，明確な規範論にもとづきながらも，それを具現化するための政策論，動態論については「実現可能性」や「具体性」を重視して検討していく。

　第２に，ヨーロッパ（北欧・西欧）諸国の経験に着目して，これを主な分析対象とする。その理由として，欧州諸国では日本よりも先に「近代的な」家族や社会の変容を経験しており（落合 2013），それに対して実施されてきたさまざまな政策的対応の蓄積が一定程度あることが挙げられる。一方で日本は，政策においても現実（実態）においてもまだまだヨーロッパに追いついていない（第３章，第４章）。よって，本書における欧州諸国の位置づけは，基本的には日本よりも先を進んでいる国々として，日本がこれからとるべき政策的方向性についての道しるべとなる存在と考えてよい。

　ただし「動態論」の検討においては，欧州諸国のなかでもイギリスに焦点を絞って分析する（第５章，第６章）。なぜイギリスに着目するのかといえば，筆者はイギリスを「日本よりは進んでいるが遠すぎない国」と捉えているためである。

　イギリスにおいて家族・子育て支援政策が本格的に展開されたのは1990年代後半からである。他方で，この分野の先陣を走る北欧やフランスには，イギリスよりもさらに50〜60年ほどもさかのぼる家族政策の長い歴史があり，

この点において日本にとっては「遠すぎる存在」のように思われる。また，イギリスは母親のパートタイム就業率の高さや，子育てに対する親の責任の強調など，社会文化的にも日本と似ている側面がある。したがって，これからこの分野に本格的に取り組んでいかなければならない日本にとって，イギリスの経験をみることは有益であると考える。

　また本書においては，イギリスの「成功体験」だけにフォーカスするのではなく，むしろ「男性稼ぎ主モデル」の克服のプロセスのなかで，もがき苦しんできた生々しい経験を明らかにしようとする点も特徴的である。その意図としては，「男性稼ぎ主モデル」を克服する過程における試行錯誤や紆余曲折，またそれらの背景要因を解明することにある。なぜなら，日本においても「男性稼ぎ主モデル」の克服は一筋縄ではいかないことが予想される。こうした点が明らかになることで，今後日本が直面しうる困難に対してそれを乗り越えるためのヒントを得られると考えるからである。

　第3に，本書のタイトルである「稼得とケアの調和モデル」の「ケア」は本来，家事，育児，介護，看護など多様な意味を包含するものである。これらを縦割りで分断せず，より広い「ケア活動」として統合的に捉えることは重要であるが（Anttonen and Sipilä 1996），本書では育児（特に小学校入学前の子ども）に焦点を絞る。その理由としては，⑴育児と介護などでは政策的にも実践的にも異なるニーズが存在すること，⑵乳幼児を育てる家庭では仕事と家庭の責任のせめぎ合いがとりわけ顕著で，ジェンダーによるライフパターンの変化が如実に現れる時期であること，という2点が挙げられよう。

3　本書の構成

　本書は，6章からなる2部で構成される。第Ⅰ部「『稼得とケアの調和モデル』の実現方法——欧州6か国の比較」では，「男性稼ぎ主モデル」に代わってめざすべき社会・生活保障システムの「オルタナティブ・ビジョン」

《規範論》と，そのビジョンを具現化する「手段」としての具体的な政策パッケージ《政策論》を検討する。

　まず，第**1**章「規範論・政策論・動態論の連動」では先行研究の批判的レビューを行う。「男性稼ぎ主モデル」の克服に関する先行研究を，規範論，政策論，動態論という視座から捉えなおすことを通じて，研究史においてこれら３つは別々に展開されてきたことを示す。３つの視座をつなぐ試みが十分になされていないため，「男性稼ぎ主モデル」の克服に関する知見は，各領域から得られる単発的なものにとどまっている。また特に政策論においては，分析の枠組みに「政策」に関する変数と「実態」に関する変数が混在する傾向にあるが，より精緻な政策論の展開に向けては「政策」と「実態」を峻別した検討が必要であることを指摘する。

　次に第**2**章「『稼得とケアの調和モデル』」《規範論》で論じるのは，「規範論」についてである。ここでは，これまで主にジェンダー比較福祉国家研究の領域で論じられてきた「男性稼ぎ主モデル」とは異なるモデル・概念を批判的にレビューし，これらの特徴を整理する。その作業を通じて「男性稼ぎ主モデル」に代わって今後わたしたちがめざすべき規範的モデルとは何かを検討する。

　エスピン-アンデルセンの「脱家族主義化」やナンシー・フレイザーの「総ケア提供者モデル」などを含む種々のモデルや概念を検討した結果，男女ともに稼得者としての役割と同時に，ケア提供者としての役割も果たすことを志向する「稼得とケアの調和モデル（earner-carer model）」の優位性が明らかになる。本書ではこのモデルを「ジェンダーにかかわりなく，稼得とケアの調和をはかりたいという個人の主体的な選択・実現を支援する社会・生活保障システム」と定義する。

　つづく第**3**章「『稼得とケアの調和モデル』の３つの政策理念型」《政策論》では，この規範的モデルを具現化しうる多様な政策パッケージのあり方を探索する。これは「政策論」にあたる。欧州６か国（スウェーデン，フィン

ランド，ドイツ，フランス，オランダ，イギリス）における政策パッケージ（①税制・社会保障制度，②ECECサービス[15]，③家庭内・外ケアに対する現金給付，④育児休業制度，⑤労働政策の組み合わせ）の比較・分析を通じて，「稼得とケアの調和モデル」を具現化しうる政策パッケージのパターンを析出する。

　結果として，先行研究で示された1つのタイプの政策パッケージよりも多様な，3つの異なるタイプの存在が明らかになり，それらを本研究オリジナルの「3つの政策理念型」として新たに提唱する。「3つの政策理念型」は，スウェーデンを典型とする「タイプⅠ：連続就労・公的ケア型」，フィンランドを典型とする「タイプⅡ：断続就労・（選択的）家族ケア型」，オランダを典型とする「タイプⅢ：柔軟就労・共同ケア型」である。なお，典型的とはいえないものの，ドイツとフランスはタイプⅡに，イギリスはタイプⅢに位置づけられる。

　それぞれのタイプの特徴を簡単に述べると，「タイプⅠ：連続就労・公的ケア型」は公的ECECサービスの充実によって育児期を通じた親のフルタイム就業を志向する一方で，子どもが1歳くらいまでは育児休業制度によって親の「ケアする権利」を保障する。「タイプⅡ：断続就労・（選択的）家族ケア型」は，公的ECECサービスの充実によって育児期を通じた親のフルタイム就業を志向する点はタイプⅠと重なる。さらにそれに加えて，比較的長い期間の育児休業と現金給付を通じて，子どもが3歳くらいまでECECサービスの利用と親による在宅育児とのあいだの選択肢を保障する点に特徴がある。「タイプⅢ：柔軟就労・共同ケア型」は，労働時間や勤務場所などの柔軟性を高めて育児期を通じた親のパートタイム就業（ないし柔軟な働き方）を志向する。また，ECECサービスの財源・供給を国家に限らず市場や雇用主を含む多様なアクターで共同分担する点も特徴的である。

　上記で提唱した「3つの政策理念型」を踏まえて，第4章「欧州6か国と日本における『稼得とケアの調和』の現状」では，政策のみならず現実において各国はどれほど「稼得とケアの調和」に近づいているのか，統計デー

15

タを用いて検証する。その結果，(1)各国の母親就業の実態は，3つの政策理念型におおむね合致している，(2)育児期における母親の就業調整は女性の稼得力に影響する可能性がある，(3)実質的な「稼得とケアの調和」は欧州でもまだ実現はしていない，(4)日本の現状は欧州のどの国よりも「稼得とケアの調和」から遠い，という4点が明らかになる。

　以上の議論を踏まえて，第Ⅱ部「『柔軟就労・共同ケア型』への移行——《動態論》イギリスの事例から探る」では，特定タイプの政策理念型への移行が何によって規定されるのかについて検討する。つまり，政策における移行経路が形成されるメカニズムであり，これは「動態論」にあたる。ここでは，前述した理由からイギリスに焦点を絞り，労働党政権下（1997〜2010年）で形成・実施された政策パッケージが，なぜ「タイプⅠ：連続就労・公的ケア型」や「タイプⅡ：断続就労・（選択的）家族ケア型」ではなく，「タイプⅢ：柔軟就労・共同ケア型」の方向へ進んだのかを明らかにする。筆者が2015年にイギリスで実施した，政策関係アクター22名に対するキー・インフォーマント・インタビュー調査の結果をもとに分析・考察する。

　第5章「『北欧型』ECECシステムには移行せず」では，なぜイギリスはタイプⅠ・Ⅱに向かわなかったのかについて検討する。ここではイギリスECEC政策の展開に着目し，なぜ北欧型のような公的セクター中心のECECシステムは選択されなかったのかについて論じる。結果として，政府は「北欧型」ECECシステムの利点を認識しており，またこれを推進するワーキング・グループも存在したことが明らかになる。しかし一方で，(1)財政やインフラの制約といった「政策遺産」（歴史的要因），(2)政府内の主要なアクター間における政策アジェンダの衝突（政治的要因），(3)親の育児責任の強調と受容（社会文化的要因）という大きく3つの要因により，「北欧型」への移行の選択肢は阻まれた。

　第6章「『柔軟就労型』への移行」では，反対になぜイギリスはタイプⅢに向かったのかについて検討する。ここでは新規立法としての「柔軟な働き

方」制度の成立過程に着目し，イギリスではいかにしてこの法制化にこぎつけたのか，またその過程で母親・父親の役割はいかに議論されたのかについて論じる。結果として，⑴「柔軟な働き方」制度は，交渉や妥協の複雑な過程のなかで政・労・使，ロビー団体，官僚など多様なアクターがそれぞれ重要な役割を果たし，その相互作用によって法制化の道が開かれたプロセスが明らかになる。一方で，⑵父親のケア役割の推進をめぐって政府内やロビー団体間で対立があり，このことは「男女間の均等的な役割共有」を政策目標として明示的に打ち出すことに対するブレーキとして機能した。

　終章「『稼得とケアの調和モデル』が拓く未来」では，本書における分析から得られた知見を整理したうえで，日本は今後どこに向かっていくのか，その移行経路の展望について検討を加える。ここでは，日本が現実的にとりうるルートとして「タイプⅢ：柔軟就労・共同ケア型」を挙げ，それを踏まえて優先的に展開していくべき３つの政策を提示する。すなわち，⑴すべての子どもに対するECECサービス利用資格の保障，⑵すべての労働者に対する「柔軟な働き方」の保障，⑶父親の育児休業取得に対するより強いインセンティブの導入である。最後に，今後の研究課題について触れる。

注

⑴　一般的に「社会保障」というと社会保険と公的扶助を指す。本書では税制，社会サービス，社会手当，労働政策など「生活保障」の側面も検討の対象に含めるため，より包括的に「社会・生活保障」とする。以下では省略して「社会システム」ということもある。

⑵　専業主婦だけでなく，夫の扶養の範囲内でパートとして就業する「パート主婦」も含む。

⑶　以上の雇用，家族をめぐる変容については，木本（2010）に詳しい。

⑷　「子どもがいる現役世帯」のうち，大人が２人以上いる世帯の貧困率が12.4%であるのに対し，ひとり親家庭の貧困率は54.6%にものぼる（厚生労働省2013）。なお，ひとり親家庭の８割以上は母子家庭であり，母子家庭の母親の８割が就業している。ただし，そのうち47.4%はパート・アルバイト等である

（厚生労働省 2011）。

⑸　厚生労働省の調査では，妊産婦の少なくとも４％が精神的なケアを必要としていることが示された（『日本経済新聞』2016年５月22日電子版）。また，NPO法人子育て学協会が2013年に実施した調査によると，48.9％の親が「育児ノイローゼに共感できる」と回答した。母親の就業形態別では，専業主婦の育児不安度がもっとも高かった（NPO法人子育て学協会「幼児期の子育てに関する悩み調査」）。

⑹　20代男性：約28％，60代以上男性：約60％。

⑺　それ以前のジェンダー社会政策（女性政策）の展開については，横山（2002），進藤（2004）などに詳しい。

⑻　そのため現在では，少子化の主な原因と考えられている未婚化（晩婚化）への対策として，若者の出会いや結婚の支援，女性の妊娠・出産適齢期に関する教材を作製し学校教育の現場で啓発するといった施策に，国や自治体が資金を投入して積極的に取り組んでいこうとする動きがある。しかし，人びとの価値観や生き方が多様化する現代社会において，このような施策には国家的なハラスメントにもつながりかねない危うい側面があると思われる。

⑼　当然，女性，男性では捉えきれない多様な性もこれに含まれるが，この点については本書の射程を超える。

⑽　また研究の領域におけるジェンダー分析（フェミニスト研究）も，これまでもっぱら女性を対象としてきた側面がある。

⑾　男女共同参画局では，2016年10月に初めて男性を主な対象として捉える「男性の暮らし方・意識の変革に関する専門調査会」が設置され，男性自身の問題としても議論していく兆しがようやくみえ始めた。

⑿　近年，廃止も含めた議論が重ねられてきたが，2017年度の廃止は見送られ，適用対象の拡大という部分的見直しにとどまった。

⒀　政策領域間の連関に着目し，複数の政策領域にまたがった分析を行っている研究としては，横山（2002），堀江（2005）などがある。

⒁　図序－１のとおり，「動態論」には政策効果としての現実（実態）の変化という側面もあると思われる（「動態論②」の部分）。しかし，まずは「男性稼ぎ主モデル」に代わる社会・生活保障システムを構想し，その構想を政策体系としていかに具現化するのかを明らかにすることが重要であると考えるため，本書では動態論①「政策形成過程における選択・決定のメカニズム」に焦点を絞って分析する。

⒂　就学前幼少期教育・ケア（Early Childhood Education and Care：ECEC）サービス。

第Ⅰ部

「稼得とケアの調和モデル」の実現方法

―――欧州6か国の比較―――

第1章

規範論・政策論・動態論の連動

1 先行研究の検討

　本章の目的は，本書がめざす方向性と重なり合う部分をもつ先行研究をレビューすることである。「男性稼ぎ主モデル」の克服に関する先行研究を，規範論，政策論，動態論という視座からみると，大きく3つのアプローチに分けられる。すなわち，①規範論アプローチ（規範論），②レジーム／モデル類型化論アプローチ（政策論），③経路転換論アプローチ（動態論）である。

　以下では，各アプローチの主要な研究を概観しつつ，それらの成果と課題を整理する。このことを通じて，次の2点を指摘したい。第1に，規範論，政策論，動態論それぞれの領域において研究の蓄積がみられる一方，これらを相互につなぐ試みは十分になされていない。そのため「男性稼ぎ主モデル」の克服に関する知見は，各領域における単発的なものにとどまっている。その結果，「男性稼ぎ主モデル」克服のプロセスを体系的につかまえることができておらず，これは「男性稼ぎ主モデル」からの速やかな脱却を阻む一因となっているように思われる。

　第2に，とりわけ②レジーム／モデル類型化論アプローチでは，分析の枠組みに「政策」に関する変数と「実態」に関する変数が混在する傾向がみられる。しかし，これらを混在させると，「政策」の変化が現実における「実態」にどのような影響を及ぼすのか（また反対に，「実態」が「政策」に及ぼす影響）といった分析ができないため，この方法では政策論としての議論が発

展しにくい。

　こうした先行研究の課題を踏まえて，本章では，①規範論アプローチ，②レジーム／モデル類型化論アプローチ，③経路転換論アプローチの3つの側面を有機的に結びつけ，さらに「政策」と「実態」を峻別して論じる重要性について述べる。

（1）規範論アプローチ

　規範論アプローチにおけるもっとも先駆的で，今日なお強い影響力をもっている研究として，ナンシー・フレイザーの「ジェンダー公平（gender equity）」論が挙げられる（Fraser 1997）。フレイザーの問題関心は，工業化時代の家族賃金と性別役割分業の想定のもとで構築された「男性＝稼ぎ主／女性＝家族世話係モデル」（ibid.：42）の福祉国家が，労働市場と家族の変容によって危機に瀕している状況を受け，ポスト工業化時代にふさわしいジェンダー秩序にもとづく新しい社会システムを構想することにあった。

　そこでフレイザーはまず，「男性稼ぎ主モデル」とは異なる2つの代替的モデルを仮定する。1つは「総稼ぎ主モデル（universal breadwinner model）」であり，これは女性の雇用を推進し，女性も男性と同じように一家の稼ぎ主となるジェンダー秩序である。もう1つは「ケア提供者等価モデル（caregiver parity model）」であり，これはインフォーマル・ケアに対する報酬を通じて，女性によるケア労働を男性が行う有償労働と同等に扱うというジェンダー秩序である。つまり，前者は，労働市場という男性の領域に女性を招き入れようとするものであり，後者は，男性は労働市場，女性は家庭という分業を維持したまま両者の労働を同等に評価しようというものである。

　次に，フレイザーは上の2つのモデルのうち，新しい社会システムとしてふさわしいのはどちらかを検討する。その方法としては，7つの規範的原理から成る複合的な「ジェンダー公平」概念を構成し，これを基準に2つのモデルを査定する。しかし，その結果，いずれのモデルも「ジェンダー公平」

表1-1　「ジェンダー公平」概念にもとづく2つのモデルの査定結果

原　理	総稼ぎ主モデル	ケア提供者等価モデル
反貧困	良好	良好
反搾取	良好	良好
平等収入	中程度	不十分
平等余暇	不十分	中程度
尊重の平等	中程度	中程度
反周縁化	中程度	不十分
反男性中心主義	不十分	中程度

出所：Fraser（1997：60）.

の規範を十分には満たさないと判定される[1]（表1-1参照）。さらに，いずれのモデルも「女性に結びつけられた活動を十分高く評価したうえで，男性もそれを行うよう求めるわけではない」（ibid.：60）。つまり男性に対して根本的な変化を要求するものではないとして，フレイザーはこれらの両方を棄却し，第3のモデルを提唱する。

　第3のモデルは，「総ケア提供者モデル（universal caregiver model）」というもので，これは男女ともに稼ぎ手とケア提供者の役割を兼任するジェンダー秩序である。フレイザーは，これこそ新しい社会システムが志向すべきジェンダー秩序であると結論づける[2]。

　このように，一貫した基準にもとづいた異なるモデルの査定を通じて「男性稼ぎ主モデル」に代わる新しい社会システムの構想が示されたことが，このアプローチにおける最大の成果である[3]。しかしその一方で，規範論アプローチには，政策論や動態論との結びつきが弱いという課題がある。

　フレイザー自身が述べているように，彼女のねらいは「政策分析にあるのではなく……むしろより広い意味で理論的，政治的なもの」（ibid.：44）であった。そのため，「総ケア提供者モデル」が具体的にどのような政策によって，またどのような過程を経て実現しうるのか，といった点については検討されていない。よってこの研究は，純粋な規範論の域を出るものではない。

しかしながら，新しい社会を実際につくり上げるためには，このモデルを実現するための政策論および動態論を検討することは欠かせない。さもなければ，新しい社会システムの構想（ビジョン）は，絵空事に終わってしまう可能性が高いからである。

（2）レジーム／モデル類型化論アプローチ

レジーム／モデル類型化論アプローチには，国内外の先行研究のほとんどがこの部分に集中してきたといっても過言ではないほど，厖大な研究蓄積がある。福祉国家に関するジェンダー研究自体は1970年代末にはすでに行われていたが，1990年代に入ってから特に国際比較の観点からの福祉国家の類型化が隆盛をきわめるようになった（深澤 2003）。

周知のとおり，その契機となったのはエスピン-アンデルセンが『福祉資本主義の3つの世界』において提唱した，福祉国家の3類型（「自由主義」「社会民主主義」「保守主義」）（Esping-Andersen 1990）であり，そのジェンダー盲目性への批判から，実にさまざまなレジーム／モデルが論じられてきた。なかでも先駆的研究として挙げられるのは，ジェーン・ルイスの「男性稼ぎ主モデル」や，ダイアン・セインズベリの「ジェンダー政策レジーム」である。

たとえばジェーン・ルイスは，福祉の受給資格が家庭や社会における性別役割分業に規定されている点に着目し，欧州の福祉国家に関する「強固な（strong）」「修正された（modified）」「弱い（weak）」男性稼ぎ主モデルという3類型を提唱した（Lewis 1992）。一方，ダイアン・セインズベリは，主に北欧の福祉国家におけるジェンダー政策の多様性を実証しながら，「男性稼ぎ主レジーム」「分離型ジェンダー役割レジーム（separate gender roles regime）」「各人稼得者－ケア提供者レジーム（individual earner-carer regime）」という3類型を提唱した（Sainsbury 1999）。

このようなフェミニスト研究者たちの批判を受けて，エスピン-アンデル

セン自身も，以前の枠組みに「脱家族主義化 (de-familialization)」指標を加えて分析を発展させたが，「自由主義」「社会民主主義」「保守主義」という3つのレジームは維持され，類型自体が変わることはなかった (Esping-Andersen 1999)。

同じような潮流に位置づけられる国内の研究としては，大沢真理による「生活保障システムの3類型」がある（大沢 2007）。大沢は，エスピン-アンデルセンの枠組みはジェンダーのみならず社会的経済（ないし，サードセクター）による福祉供給を念頭に入れていない点を指摘し，これを含んだ「生活保障システム」の類型として「男性稼ぎ主型」「両立支援型」「市場志向型」を提唱している。[4][5]

そのほかにも，宮本太郎による，「福祉レジーム」に「雇用レジーム」を組み合わせた「男性雇用志向型」「両立支援型」「市場志向型」「一般家族支援型」の4類型（宮本 2009）や，新川敏光による，「脱商品化」指標と「脱家族主義化」指標を組み合わせた「自由主義」「社会民主主義」「保守主義」「家族主義」の4類型（新川 2011）などがある。[6]

このように，ジェンダーの視点を含む国際比較研究からさまざまなレジーム／モデル類型が論じられてきたことは，言うまでもなくこの領域における重要な成果である。しかしながら，このアプローチは，福祉国家の「現状」を分析することにいささか傾斜している。それは，規範論との結びつきが弱いことを意味する。

たとえば，前述したルイスの「男性稼ぎ主モデル」は，「強固」「修正された」「弱い」という3つの類型のうち，いずれをもっとも望ましいと捉えるのかを明示していない（居神 2003）。上記の国内の研究についても，明確な規範論にもとづいた類型化論が展開されているとは言いがたい。

これらに対して，セインズベリの類型では，先にみたフレイザーの「ジェンダー公平」論に照らしてみると，「分離型ジェンダー役割レジーム」は「ケア提供者等価モデル」に，「各人稼得者－ケア提供者レジーム」は「総ケ

ア提供者モデル」にそれぞれ対応しているといえる。しかし，セインズベリの類型にはフレイザーのいうところの「総稼ぎ主モデル」にあたるものがない。このようにセインズベリの類型においても，規範論との関連をまったく見出せないわけではないが，やはり明白ではない。

　さらに，福祉国家の現状の分析への傾斜は，規範論との関連の弱さだけでなく，政策論としての精緻さを低下させるリスクも伴う。というのも，類型化論に属する研究には，各レジーム／モデルを分かつ変数のなかに，「政策」をあらわす指標項目と「実態」をあらわす指標項目とが混在する傾向がしばしばみられる。このことは，政策とジェンダー秩序との関係性を検討するうえで，きわめて重大な問題である。

　たとえば，母親の雇用率や子どもの保育サービス利用率といった項目が変数として組み込まれていることが多いが，これらは「実態」をあらわす指標であり，「政策」のあり方をあらわす指標ではない。しかもこれらの指標には，経済の状況や社会文化的規範（幼い子をもつ母親の就業や子育てに関する社会通念）など，政策以外からの影響も含まれる。そう考えると，同じ政策体系をもつ２つの国であっても，母親雇用率や保育サービス利用率などの実態の違いによって異なる類型に分類されたり，反対に政策体系が大きく異なるにもかかわらず実態の状況が似ていれば同じ類型に分類されたり，といったことが起こる可能性がある。

　このように，「実態」に関する指標項目を「レジーム／モデルを構成する変数」として含めると，政策の変化が実態（の変化・非変化）にどのような影響を及ぼすのかなど，政策と実態の関係性を探ることがきわめて難しくなる。そのため，類型化論は，各国の現状・実態を捉えるには有効だが，政策論としての精緻さを高めるためには，「政策」と「実態」を峻別して検討する必要があるといえる（図序-1参照）。

　以上のとおり，レジーム／モデル類型化論アプローチには，⑴規範論との結びつきの弱さ，⑵政策と実態の混在，という２点の課題がみられる。ただ

し，この2点ともを克服している貴重な先行研究として，ゴーニックとメイヤーズによる研究が挙げられる。ゴーニックとメイヤーズは，ローズマリー・クロンプトンの「両性稼得者／両性ケア提供者（dual earner/dual carer）」モデル（注(2)参照）を理論的基盤にして，これを実現しうる政策パッケージの「青写真」を提示した（Gornick and Meyers 2008）。つまり，明確な規範論にもとづき，それと親和性の高い政策を探るという方法論において，規範論と政策論とが結びついている。さらに，政策パッケージの検討では，「実態」に関する指標を含まない，厳密な政策論を展開している。この点において，本書の目的と重なり合う部分がもっとも大きい先行研究であるといえる[7]。

しかしながら，この研究も含めた類型化論アプローチのもう1つの課題は，「経路転換」の可能性にあまり注目していないことである。前述のとおり，類型化論にはもっぱら福祉国家の現状分析に傾斜する傾向があり，これはしばしば「静態的」と批評される[8]（埋橋 2011）。実際，福祉国家の「変革」の論理を探るような研究成果は乏しかったといわざるをえない。たとえば，ジェンダーの視点からの福祉国家類型では，ジェンダーや家族のあり方が社会政策にいかに埋め込まれているか，またその特徴が国によっていかに異なるか，といった点が分析の中心であり，特にどのようにしてそれを乗り越えていくのかを探索することには比重が置かれていない。

他方で，エスピン-アンデルセンは，経済のポスト工業化とグローバル化のなかで福祉国家がどのような変化を遂げつつあるかについて説明を試みた。しかし，基本的に前記の「3つの世界」は維持されるという見解を示している[9]（Esping-Andersen 1996）。つまり，レジームの持続性が強調されるあまり，「変革」の論理は十分に追究されてこなかったといえる[10]。

（3）経路転換論アプローチ

最近，上のような課題を克服する経路転換（path shifting）論アプローチと

いえるような研究が出てきている。このアプローチは，近年の政策動向として育児・介護政策の創設や拡大といった経路転換的な変化が何によってもたらされるのかを解明することに注力する。

　たとえば，これまで「強固な男性稼ぎ主モデル」に位置づけられてきた国々（イギリス，ドイツ，オランダ，韓国など）において近年みられる家族政策の拡大路線は，その原動力の1つに女性票をめぐる政党間競争があったことが指摘されている（Fleckenstein and Lee 2012；Morgan 2013）。また，OECDの18か国における過去30年間の家族政策の変化を追った研究では，1980〜90年代と2000年代とでは家族政策の拡大を推進した原動力が異なっていることが指摘されている[11]（Ferragina and Seeleib-Kaiser 2014）。

　実際に，何が政策を動かすのかを明らかにしようとするこのような研究は，政策を選択・決定し実施するための戦略を検討するうえで有益な知見を提供する。しかしながら，その一方で，規範論との結びつきは弱い。つまり，家族政策の拡大は望ましい方向性なのか，そうだとすればなぜ，誰にとって望ましいのか，といった点は議論されない。

　さらに家族政策の「拡大」「縮小」といった，やや概括的ともいえる視点から政策動向の転換を説明することも重要ではあるが，変化の質的側面などを含むより微細な問いを追究することも必要だと思われる。たとえば，その政策動向は具体的にはどのような制度・政策の変化を伴うものなのか，なぜそのような変化が推進され，そのほかの変化は選択されなかったのか，といった問いである。なぜなら，制度・政策のあり方にこそ（伝統的な，あるいは革新的な）ジェンダー秩序が埋め込まれているのであり，家族政策の拡大という動向は既存のジェンダー秩序のいかなる変容を伴うのかを探ることが重要であるからだ。この点は，レジーム／モデル類型化論アプローチにおけるフェミニスト研究がくりかえし強調してきたことと関係する。

　つまり，経路転換論アプローチは，類型化論において発展してきた枠組みを分析に活かしきれていない。そのため，政策論ともそれほど強い結びつき

図 1-1　先行研究と本書のアプローチ

出所：筆者作成。

をもっていない。したがって，今後は「家族政策の拡大」という大まかな変化の説明にとどまらず，経路転換における質的側面にも着目し，変化の路線や経路を規定する因果的メカニズムを明らかにしていくことが求められる。

2　本書の位置づけ

　以上の先行研究レビューを踏まえて，先行研究における限界を乗り越えるために本書に与えられる課題は，次の 2 点である。

　第 1 に，①規範論アプローチ（規範論），②レジーム／類型化論アプローチ（政策論），③経路転換論アプローチ（動態論）という 3 つの側面を 1 つ 1 つ検討しながらも，これらを有機的に結びつけることをとおして，「男性稼ぎ主モデル」の克服に関する具体的で実現可能な方法を探索することである（図 1-1 参照）。前述のとおり，先行研究では各アプローチにおいてそれぞれ，重要な知見が蓄積されてきた。しかしながら，3 つのアプローチは相互に強い結びつきをもつことなく，別々に発展してきたといえる。

　たとえば，規範論アプローチは政策論・動態論との結びつきが弱い。レジーム／モデル類型化論アプローチは各国の現状を理解するには有益である一方，規範論との結びつきが弱い。また動態論との結びつきにおいても，特に「変革」の論理の追究が弱い。これらに対して，経路転換論アプローチは「変革」の論理を探ろうとするものであるが，規範論との結びつきは弱く，また類型化論において発展してきた枠組みが十分に活かされていない。本書

はこのような先行研究の限界を乗り越える。

第2に，特にレジーム／モデル類型化論アプローチにみられる限界を乗り越え，政策論としての精緻さを高めることである。レジーム／モデル類型化論アプローチの課題の1つとして，類型化の変数に「政策」をあらわす指標項目と「実態」をあらわす指標項目とが混在する傾向を指摘した。これらを混在させてしまうと，政策の変化が実態に及ぼす影響をみるなどの分析がしにくくなる。したがって，本書では「政策」と「実態」とを峻別したうえで，「政策」の方に主な焦点を当てる。こうして政策論をいったん「純化」させることで，規範論，政策論，動態論が相互につながる理論枠組みを構築することができると考える。

注

(1) たとえば，「総稼ぎ主モデル」は「平等余暇」の原理を満たさない。その理由は，このモデルでは女性が現在行っている家事・ケア労働の負担を国家や市場に移すことを想定しているが，これらのすべてが移行されるとは考えにくい。そのため，現実的には女性は有償労働に加えて家事やケア労働も行う「セカンド・シフト」（多重役割）に陥る可能性が高い（Fraser 1997：53-54）。さらに「反男性中心主義」の原理も満たさない。なぜなら，このモデルは雇用という男性の伝統的な領域を安定させ，ただ女性をそこに適合させる手助けをするのみであり，女性が担ってきたケア労働がもつ社会的価値や美徳，その能力などは軽んじられたままだからである。その意味で，男性中心主義的なモデルである（ibid.：54-55）。他方，「ケア提供者等価モデル」は「平等収入」の原理を満たさない。なぜなら，女性をケア労働の担い手として固定化することは労働市場において「マミー・トラック」や差別待遇を生み出す可能性が高いからである（ibid.：57-58）。さらに，「反周縁化」の原理も満たさない。その理由として，ケア労働が女性の仕事であるという見方を強化することで，労働市場・政治・市民社会といったほかの領域への女性の参加を妨害しうる点を挙げている（ibid.：58）。

(2) ローズマリー・クロンプトンも同様に，「男性稼ぎ主モデル」とは異なる4つのモデル，すなわち「両性稼得者／女性パートタイムケア提供者（dual earner/female part-time carer）」「両性稼得者／国家ケア（dual earner/state

carer）」「両性稼得者／市場ケア（dual earner/marketized carer）」「両性稼得者／両性ケア提供者（dual earner/dual carer）」を提示し，そのうち「両性稼得者／両性ケア提供者」を伝統的なジェンダー秩序からもっとも遠いものとして，規範的に位置づけている（Crompton 1999：205）。ただし，これらのモデルは，フレイザーによる分析のように体系的に比較・評価されているわけではなく，理論仮説的なものにとどまる。

(3)　このような成果の背景には，「ジェンダー公平」を複合的な規範的原理から成る概念として示すという着眼点によって，それまでフェミニスト研究が袋小路に入り込んでいた「平等」対「差異」の構図を効果的に乗り越えるという意図があった。「平等」対「差異」とは，ジェンダー不平等（不公平）の解決という目的に対して，女性と男性をまったく同じように扱うべきとする「平等」と，女性と男性を根本的に異なるものとして扱うべきとする「差異」という二項対立的な考え方のことを指す。また，あまり指摘されていないが，「ジェンダー公平」論にはインフォーマル・ケアの捉え方においても革新的な特徴がある。フレイザーは，インフォーマル・ケアを与え，受け取る関係性として，異性愛にもとづく家族関係に限らず，同性愛にもとづくものや，血縁に限らず市民社会におけるより緩やかな関係性にもとづくものを含めて想定している。この点は特筆に値するだろう。

(4)　同様の批判から，福祉供給の主体として国家・市場・家族にコミュニティを加えた「福祉（ケア）ダイヤモンド」の有用性も指摘される（Jenson and Saint-Martin 2003；Ochiai 2009）。

(5)　ただし，3つの「生活保障システム」が具体的にどのように類型されるのかについては明確ではない。2013年の論考では実に幅広い指標項目の一覧が示されているが，管見の限り，これらを用いた実証分析はなされていないようである。また，この論考ではエスピン-アンデルセンの枠組みの欠陥として新たに「住宅保障」の重要性も指摘されている。しかし，「生活保障システム」の具体的な指標においても，住宅保障に関するものは「説明される変数」として「子どもの住宅剥奪」が挙げられているのみである（大沢 2013：25）。

(6)　ただし，これらはいずれも，既存の類型化論において「座りの悪い」国とされる日本を位置づけることに主眼が置かれている。

(7)　厳密にいうと，ゴーニックとメイヤーズはいくつかの国を「類型化」しているわけではないが，3つのアプローチのなかでは類型化論にもっとも近いため，ここで触れることとする。なお，彼女たちの研究の「中身」については，第**2**

　　章，第3章でより詳しく触れる。

(8)　「スナップショット」的ともいわれる（埋橋 2011：7）。

(9)　自由主義レジーム（アメリカ，イギリス，ニュージーランド）は福祉国家の
　　縮減を進めつつ，労働市場の規制緩和によって経済の停滞と失業を乗り切ろう
　　とする「新自由主義ルート」を，社会民主主義レジーム（北欧諸国）は積極的
　　労働市場政策，社会福祉サービスの拡張，ジェンダー平等化などを通じた雇用
　　拡大戦略をとる「スカンジナビア・ルート」を，保守主義レジーム（大陸ヨー
　　ロッパ諸国）は所得移転中心の社会保障制度を維持しようとする一方で，労働
　　市場が硬直化し労働供給が抑えられる「労働削減ルート」をたどるとする
　　（Esping-Andersen 1996＝2003：19-32）。

(10)　このような経路依存的な解釈への批判から，近年では主に政治学の領域で，
　　制度変化に関して制度とアクターの関係やアイディアへの注目，また長期的な
　　時間軸を分析の射程に入れるといった理論的・実証的な研究の展開がみられる
　　（たとえばHacker 2005；Mahoney and Thelen 2010；Béland and Cox 2011な
　　ど）。

(11)　1980〜90年代には，左派政党の強さと女性の政治組織化（女性国会議員の割
　　合）が主な原動力であったのに対し，2000年代にはこれらによる説明力は弱ま
　　り，母親の就業を含む「現代的な」家族モデルへの国民の支持が原動力となっ
　　ている。このような国民の選好に応えようとすることで，家族政策への姿勢に
　　関する政党間の差は縮小すると考えられる（Ferragina and Seeleib-Kaiser
　　2014）。

(12)　ただし政策と実態の関係性をみるため，「政策」とは別に「実態」部分に焦点
　　を当てた分析も一部試みている（第4章）。

第2章

「稼得とケアの調和モデル」《規範論》

1 本章の目的

　序章で述べたとおり、「男性稼ぎ主モデル」を克服する必要性を受けて、これを達成するためにまず検討されなければならないのは、次のような問いである。すなわち、「男性稼ぎ主モデル」とは異なるモデルにはどのようなものがあるのか。また、それらのうちいずれを、わたしたちは今後めざすべき社会・生活保障モデルとして選択すべきなのか。本章では、ジェンダー比較福祉国家研究を中心とした文献レビューをとおして、上記の問いへの答えを得ることを目的とする。

　「男性稼ぎ主モデル」やこれとは異なるモデルに関する議論は、エスピン-アンデルセンによる福祉国家類型化論に触発されるかたちで、1990年代以降、飛躍的に豊饒化してきた。前章でも触れたとおり、とりわけジェンダー比較福祉国家研究の領域では、各国の社会・生活保障システムがどのような家族モデルを志向しているか、またそれと現実のジェンダー（不）平等はどう関係しているのかを明らかにするため、実に多様なモデルや概念が提示されてきた（Lewis 1992；Sainsbury 1999；Pfau-Effinger 1998；Crompton 1999；Korpi 2000；大沢 2007など）。

　つまり、上記のような問いに答えるための材料はすでに多くの蓄積がある。しかし一方で、特に国内においては、1990年代の議論をフォローする動きはみられたものの、⁽¹⁾2000年代から最近に至るまでの研究動向を含めて体系的に

33

整理する試みは，いまだほとんど行われていないのが現状である。

　したがって，本章では，これまで主にジェンダー比較福祉国家研究の領域で論じられてきたモデル・概念の比較検討を通じて，わたしたちが今後めざすべき規範的モデルを明示したい。その作業工程においては，筆者の個人的なイデオロギーや価値判断に依るのではなく，各モデル・概念の包含する構成要素を比較し吟味するかたちで分析を進める点に留意する。結論を先に述べれば，分析の結果，規範的モデルとしてもっともふさわしいのは「稼得とケアの調和モデル（earner-carer model）」であることが示される。

　さらに本章の後半では，「どのようにしてこのモデルを具現化するのか」という問いを，政策論の視点から検討する次章につなげるために，その準備作業としてこのモデルの定義を明確にしたうえで，既存研究における到達点と課題を示す。

2　「男性稼ぎ主モデル」とは異なるモデル

（1）「両性稼得者モデル」と「脱家族主義化」

　「男性稼ぎ主モデル」とは異なる志向をもつモデル・概念として，まず挙げられるのは，「両性稼得者モデル（dual-earner model）」である（これに類似するものとして「両性稼ぎ主モデル（dual-breadwinner model）」「総稼ぎ主モデル（universal breadwinner model）」「成人労働者モデル（adult-worker model）」などがある）[2]。このモデルは，男女ともに稼得者としての役割を果たすことを志向する，いわば「共稼ぎモデル」である。また，これを規範とする社会・生活保障システムにおいては，「女性の経済的自立」が主要な政策目標となる。

　このような「女性の経済的自立」を強調するモデルが論じられた背景には，いわゆる「主流派」の福祉国家研究におけるジェンダーの見落としという重大な欠点を，フェミニスト研究者たちが批判的に検証することをとおして明らかにしてきた功績がある。具体的にいえば，エスピン-アンデルセンによ

る比較福祉国家分析の中心をなす「脱商品化」概念は，福祉国家の効用を測る指標として不十分という批判であった（Esping-Andersen 1990）。というのも，多くの女性は，家庭内で家事・ケア労働を引き受けているがために，そもそも労働市場において男性と同じレベルで「商品化」されていないからである。

　こうした批判から新たに生み出された概念として，「脱家族主義化（de-familialization）」（Lister 1994；McLaughlin and Glendinning 1994；Esping-Andersen 1999）が挙げられる。「脱家族主義化」は，「福祉国家ないし市場による供給をとおして家族が担う福祉やケア責任が緩和される度合い」を指し，これがめざすのは「家族関係（kinship）にかかる福祉依存を軽減する」ことによって「女性が『商品化』される，すなわち独立した生計を立てるための自律性を得る」（Esping-Andersen 1999：51）ことである。[3]

　先述の「両性稼得者モデル」との関係でいうと，このモデルの目標とする「女性の経済的自立」の前提条件（あるいは手段）として捉えられるのが「脱家族主義化」である。つまり，男女がともに稼得者となるためには，女性が家庭内で担う家事・ケア労働をできるだけ外に出すことが必要，という考え方である。

　「脱家族主義化」は，近年の比較福祉国家研究において，もっとも注目を集めている概念といっても過言ではない。これを理論的枠組みに据えた実証的研究は，現在進行形で数多く生産され続けている（Leitner 2003；Bambra 2007；Saraceno and Keck 2010；Cho 2014；Javornik 2014；Lohmann and Zagel 2016など）。しかしながら，「脱家族主義化」には，次のような2つの短所がみられる。第1に，家族に与える／家族から受けるケア（以下，「家族ケア」という）の重要性を看過し，ケアを単に「就労への障壁」と捉える傾向。第2に，「女性の経済的自立」を強調するあまり，家庭内の無償労働とジェンダー関係についての議論が手薄になることである。

　まず第1の「家族ケア」の捉え方に関して，サクソンバーグは，育児の文

脈で「脱家族主義化」を「文字どおり解釈すれば，政策の目標となるのは親が子どもをできるだけ早く保育施設に預けられるようにすることになる」と述べている（Saxonberg 2013：28）。つまり，親が子どもに与えるケアはここでは「就労への障壁」とみなされ，よって保育サービスを充実させ，この障壁を取り除くことが望ましいと考えられるのである。

　しかしながら，家族ケアをこのように「就労への障壁」と捉えることは，きわめて一面的であるといわざるをえない。なぜなら，ケアには，与える側にとっても受ける側にとっても，人間としての充足感を満たしたり，家族メンバー同士の関係性を強めたりする側面もあるからである（Mayeroff 1972；Folbre and Nelson 2000）。

　さらに，「脱家族主義化」は，家事・ケアの多くが国家ないし市場を通じて「外部化」されることを前提とするが，これらのすべてを家庭の外に移行させるというのは非現実的である。たとえば，保育サービスを公的に充実させることには財源や人的資源の面で多大なコストがかかる。また，「理想のケア」（Kremer 2007）をめぐる社会文化的な価値観の違いなどから，人びとが家庭外の家事・保育サービスを利用する度合いも国によって異なるだろう。このような点を考慮すれば，いくら「脱家族主義化」が進んでも，家庭には常に一定程度のケア責任が残ると思われる。

　だとすれば，家庭内に残る家事・ケアは誰が行うのか，という議論があってしかるべきである。しかしながら，第2の短所として，「両性稼得者モデル」や「脱家族主義化」ではこの点は十分に議論されない。[4] その根本的な原因は，先述のとおり，これらの概念の中心にあるのは「女性の経済的自立」であるため，特に男性の有償労働と無償労働のあり方について言及しない点にある。

　また，そもそもケアを外部化することがジェンダー平等を促進し，反対に家族ケアがこれを阻害するかといえば，必ずしもそうとはいえない。たとえば，保育サービスは母親の就業を促進し，伝統的な女性の役割の変化に寄与

するかもしれないが，それに対して男性の役割の変化への影響は弱いとされる（Windebank 2001；Crompton et al. 2005）。一方で，家庭内で男性が積極的にケアに携わることは「脱家族主義」よりもむしろ「家族主義」として捉えられるが，このことが女性の就業を支援し，結果として有償・無償労働の両方におけるジェンダー格差の縮小に寄与する可能性は大きい（Leitner 2003）。

　このような短所は，実証的研究において指標化される際に，よりいっそう顕在化する。特に，「脱家族主義化」の概念のなかに育児休業制度を位置づけることのむずかしさをみれば明らかである。育児休業は，その機能として，(1)育児期間中も労働市場とのつながりを保持し，女性の継続的就業を促進する，(2)親に「子どもをケアする権利」，子どもに「親のケアを受ける権利」を保障する，(3)家族ケアのために労働市場から離れている期間中の所得補償を行うなど，多様な側面をもつ。このことが，上述した「むずかしさ」につながっている。

　より具体的にいえば，育児休業の扱い方には研究者によってばらつきがある。エスピン-アンデルセンは，自身の「脱家族主義化」指標に育児休業を含めていない（Esping-Andersen 1999）。これに対してライトナーは，育児休業を「家族ケアを支援するもの」とみなし，「家族主義」の指標に含めている（Leitner 2003）。よって，前者では「脱家族主義」に位置づけられる北欧諸国が，後者では「家族主義」に位置づけられるという，正反対の研究結果を招くこととなった。

　また最近の研究でも，チョウは，父親を対象とする育児休業は女性のケア責任を緩和し，女性の就業を促進するが，母親を対象とする育児休業は制度のあり方によっては女性の稼得能力を低減させると考える。そのため，「脱家族主義化」の指標に父親に対する休業を含める一方で，母親に対する休業は除外している（Cho 2014）。他方，ヤボーニクは「脱家族主義化」を「国家が女性の継続的雇用を支援し，積極的な父親役割を推進する度合い」と定義し，父親と母親の両方に対する休業を指標に含めている（Javornik 2014）。

このような実証的研究にみられるばらつきはまさに,「両性稼得者モデル」や「脱家族主義化」の概念には,有償労働に関するジェンダー平等規範は存在しても,無償労働としての家族ケアとジェンダーに関する規範を明示する道具立てがないことを示す。[6]

（2）「ケア提供者等価モデル」

家族ケアとジェンダーをめぐる規範について検討するには,フェミニスト研究におけるもう1つの潮流,すなわち「ケアの倫理」に関する研究蓄積に目を向ける必要がある。「ケアの倫理」に関する研究では,ケアを人間の基本的ニードと位置づけ,よって人間は本質的に相互依存の関係のなかで生きている,という考え方を基盤とする（Gilligan 1982；Tronto 1993；Kittay 1999）。

たとえば,生まれたばかりの赤ちゃんのときや年老いたとき,わたしたちは誰しもが非常に高いケアのニードをもっている状態にあり,十分なケアが与えられなければ生きていくことさえできない。その意味で,ケアは人間の生に必要不可欠な基本的条件であるといえる。そして,この人間の基本的ニードを充足する中心には家族ケアがある。

つまり「ケアの倫理」の意味するところは,「社会とは本来ケアを与え,受け取り合うものであり,それゆえ社会は人間のこのような本質的なニードや依存性という事実にうまく対応する方法をみつける必要がある。またその方法は,ケアを受ける人間の自尊心と両立するもの,そしてケアを与える人間を搾取しないものでなければならない」（Nussbaum 2003：51）という,社会におけるケア労働の価値およびあり方である。

このようなケアの社会的価値を強調するモデルの1つとして,「ケア提供者等価モデル（caregiver parity model）」が挙げられる（これに類似するものとして「分離型ジェンダー役割レジーム（separate gender roles regime）」がある）。このモデルは,労働とケアにおける性別役割分業を認めたうえで,女性のケア労働を男性の有償労働と等しく評価し（ここに「等価（parity）」の意がある），

これに対して同等の報酬を社会手当として給付することを志向する。

このモデルには，先述の「両性稼得者モデル」や「脱家族主義化」に欠ける，ケアの社会・経済的価値を明示するという強みがある。さらに，ケア提供者に対する報酬をとおして女性の婚姻関係への経済的依存を弱めるという点においても，「男性稼ぎ主モデル」よりも女性に対するメリットは大きいといえる（Fraser 1997；Sainsbury 1999）。しかし他方で，労働とケアをめぐって，生物学的な男女の差異や性別役割分業（の再生産）を容認する言説に陥りやすい，という潜在的な短所が指摘される。したがって，「ケア提供者等価モデル」も「男性稼ぎ主モデル」に代わる規範的モデルにふさわしいとはいいがたい。

（3）「稼得とケアの調和モデル」

先行研究でこれまで論じられてきたモデルのなかには，以上で述べたような短所を乗り越えるものも存在する。それは，「稼得とケアの調和モデル（earner-carer model）」である（類似するものとして「各人稼得者－ケア提供者レジーム（individual earner-carer regime）」「両性稼得者／両性ケア提供者モデル（dual-earner/dual-carer model）」「総ケア提供者モデル（universal caregiver model）」などがある）。

「稼得とケアの調和モデル」は，男女ともに稼得者としての役割と同時に，ケア提供者としての役割も果たすことを志向する。このモデルが前述のモデル・概念と決定的に異なっているのは，男性をケア労働に携わる主体として招き入れる点である。これを規範とする社会・生活保障システムは，ジェンダーにかかわらずすべての労働者はケア提供者であることを前提として成り立ち，労働市場に参加しながらも「ケアに携わる時間を確保する権利」（Knijn and Kremer 1997）を保障することが主な政策目標となる。それはつまり，「現在の女性のライフパターンを皆にとっての規範にすること」（Fraser 1997：61）を意味し，このモデルの実現においては，女性の稼得役割だけで

なく男性のケア役割を支援・促進することが重要な鍵となる。

　つまり，「稼得とケアの調和モデル」の特徴は，男性中心主義の労働のあり方に異議を唱えることなくこれに女性を適合させようとすること，また，女性性や男性性と結びつけられた労働とケアの論じ方を容認すること，これらの両方を拒否するという点にある。この点において，「稼得とケアの調和モデル」には既存の労働とケア，ジェンダー関係のあり方を変革していくうえで，きわめて革新的な論理を見出すことができる。

（4）規範的モデルとしての「稼得とケアの調和モデル」

　ここまでの議論をいま一度整理してみよう。「男性稼ぎ主モデル」に代わる規範的モデルの候補として3つの異なるモデルを検討した。(1)「両性稼得者モデル」は「脱家族主義化」を経由して男女ともに稼得者となることを志向する。(2)「ケア提供者等価モデル」は「ケアの社会・経済的評価」を経由して男女の異なる役割を等しく評価することを志向する。これらに対して，(3)「稼得とケアの調和モデル」は，「脱家族主義化」と「ケアの評価」の両方を兼ねそろえながら，男女ともに稼得者およびケア提供者となることを志向する（図2－1参照）。

　このような各モデルの特徴は，たとえば就業率のM字型カーブとの関係で捉えれば，よりイメージしやすいかもしれない。「両性稼得者モデル」では，女性の就業パターンが男性のそれに近づくことで，就業率は男女ともにM字型ではなく緩やかな山型の曲線を描く。他方，「ケア提供者等価モデル」では男女の性別役割分業は維持されるため，女性の就業率は依然としてM字型を描くことになる。ただし，いずれのライフパターンも同等に評価されるのがこのモデルの特徴である。そして「稼得とケアの調和モデル」では，男性の就業パターンが女性のそれに近づき，男女ともにM字型になるようなイメージである[8]。これが，「女性のライフパターンが皆にとっての規範になる」の意味するところである。

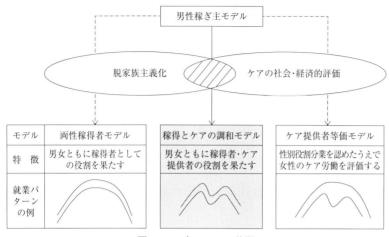

図2-1　各モデルの特徴

出所：筆者作成。

　以上をまとめると，「男性稼ぎ主モデル」に代わる規範的モデルを検討した結果として，「稼得とケアの調和モデル」にはほかのモデルと比べて次の3点の強みがあるといえる。

　第1に，ケアを「就労への障壁」ではなく「人間の基本的ニード」として捉え，有償労働と同等に必要なものとして位置づけること。第2に，「稼得とケアの調和」の対象には，女性だけでなく男性も重要な主体として含むこと。第3に，女性のライフパターンが男性に近づくのではなく，男性のライフパターンを女性に近づけるという実践戦略を明示していることである。以上の検討から，本書では「男性稼ぎ主モデル」に代わってわたしたちがめざすべき社会・生活保障システムには，「稼得とケアの調和モデル（earner-carer model）[9]」を採用することが妥当であると主張したい。

　これを踏まえて，次に検討されるべき課題は，どのようにしてこのモデルを具現化していくのかという点である。序章でも述べたとおり，本書の目的の1つは，「稼得とケアの調和モデル」を実現するための具体的な政策パッケージを提示することである。次章ではこの課題に取り組むが，そこに至る

までに整理しておくべき点がいくつかある。

3　定義と課題の明示

「稼得とケアの調和モデル」を理論的枠組みに据えた政策論を展開するためには，まずこのモデルの定義を明確にし，さらにこれまでの研究における到達点と課題を示しておく必要があるだろう。

（1）先行研究における定義

本書における「稼得とケアの調和モデル」の定義を示すにあたり，まず主要な論者がこのモデル（および類似するモデル・概念）をいかに定義しているかをみてみよう（表 2 - 1 参照）。これらの定義をみると，「男女ともに稼得者でありケア提供者であること」を前提とする点はすべての論者に共通している。ただし，「稼得・ケア役割をめぐるジェンダー間のバランス」への踏み込み方については，論者によって微妙に異なっている。

表の左側に示したフレイザー，セインズベリは，「男性も女性もすべての人が稼得とケアの両方の役割を兼任し，またそのことを可能にする政策体系の構築」という定義をしている（Fraser 1997；Sainsbury 1999）。彼女たちの定義においては，稼得・ケア役割をめぐるジェンダー間の配分がどうあるべきかについては明示されていない。

これに対して，表の右側に示したファウ-エッフィンガー，ゴーニックとメイヤーズは，「稼得・ケア役割がジェンダー間で均衡的に分担される」という定義をしている。つまり，彼女たちは稼得・ケア役割をめぐるジェンダー間の配分にまで踏み込み，その点における「ジェンダー均等性」を定義のなかで明示しているのである（Gornick and Meyers 2003, 2008；Pfau-Effinger 2005）。

このような異なりは，「稼得とケアの調和モデル」に関する定義について，

表2-1 「稼得とケアの調和モデル」に関する主要論者の定義

個人における役割の兼任性	ジェンダー間の役割の均等性
フレイザー 'universal caregiver' 男性が今の女性のあり方（主要なケア労働をする人間）により近づく。制度はあらゆる人が稼得とケアを兼ねる前提に基づき、それに関する困難と過労を取り除くよう改変される。	ファウ-エッフィンガー 'dual-breadwinner/dual-carer' 男女が家庭内のケアを均等に分担する。さらに国家・市場・非営利セクターなど家族以外のアクターもケア責任を共有する。
セインズベリ 'individual earner-carer' 役割・責任の分担をとおして、男女ともに稼得者・ケア提供者としての社会権を得る。政策は女性の就業および男性のケア提供を可能にするよう体系化される。	ゴーニックとメイヤーズ 'dual-earner/dual-caregiver' 男女が有償労働と無償のケア労働に均衡的に携わる社会。

出所：Fraser（1997：61），Sainsbury（1999：79），Gornick and Meyers（2003：12，2008：314），Pfau-Effinger（2005：329）より筆者作成。

主要なフェミニスト研究者のあいだでも今のところ合意に至っていないことを示唆する。したがって、これより前に議論を進めるためには、本書における「稼得とケアの調和モデル」の定義を設定することが必要となる。

（2）本書における定義

前述のとおり、既存研究において定義が確立されていない現状にかんがみ、本書では「稼得とケアの調和モデル」を次のように定義する。

> ジェンダーにかかわりなく、稼得とケアの調和をはかりたいという個人の主体的な選択・実現を支援する社会・生活保障システム。

この定義は、「個人の主体的な選択」の支援に軸足をおく点に特徴がある。これは、前記の先行研究ではフレイザー、セインズベリによる定義に近い。つまり、稼得・ケア役割がジェンダー間で「均衡的（symmetrically）」に分担されることを定義として明示しない。なぜ本書では「ジェンダー間の役割の

均等性」よりも「個人における役割の兼任性」を重視するのか。それは，以下の３点の理由による。

第１に，稼得・ケア役割をめぐる「ジェンダー均等」は，その概念自体が非常に曖昧なものだと考えられるためである。ファウ-エッフィンガー，ゴーニックとメイヤーズは，有償労働ないし無償のケア労働を男女が「均衡的に・均等に」分担すると，さらりと謳っているが，現実において男女の稼得・ケアが「均衡的に分担される」とは一体どのような状態を意味するのだろうか。社会全体において（つまり統計的な平均値として）なのか，あるいはすべての家庭でそうなるべきだと考えているのか。

また，「均衡的な分担」をどのようにして測るのかという問題もある。世帯内における労働時間・ケア時間が男女で「対称的になる」ことを指すのだろうか。もしそうだとすれば，ひとり親家庭はどのように扱われるのか。さらに，ある世帯において女性が主な稼得者であり男性が主なケア提供者である場合（専業主夫など），これは「男性稼ぎ主モデル」のジェンダー関係を再生産する結果にはならないが，どのように評価するのか。このように，この定義を現実に当てはめて想像してみると，上述のようなさまざまな疑問が浮上するのである。だが，既存研究においてはこうした諸点が明確にされていない。

第２に，筆者は自身の生き方やウェルビーイングを追求する人びとを，支援・制度の対象となる「受動的な客体」ではなく，自ら支援を求め選びとることができる「能動的な主体」として捉えているためである。厚生経済学の領域から，人間が生きていく際の「質」そのものの追究に献身的に取り組み，「潜在能力アプローチ」を提唱したことで有名なアマルティア・センは，この点について興味深い概念提起を行っている。

センは，個人が自身の「福祉」（well-being，すなわち「善き生」）を追求する際に，その方法を自律的に選択できる「福祉的自由（well-being freedom）」の重要性を主張する。さらに，それにとどまらずセンは，個人がそもそも自

身の福祉を追求するかどうかを選択できる「行為主体的自由（agency free-dom）」も重要だと強調している（Sen 1985：203-8）。「行為主体的自由」は，その人の「主体的な意思に基づく多様な目的や価値の形成とそのもとでの自律的な選択に対して，外部的な妨害が存在しないことを意味する概念」（鈴村・後藤 2001：236）とされる。これは社会において人びとがもつ目的や価値が多様であることや，時に人は自身の福祉を犠牲にしてでも自分以外の誰かの福祉を追求する選択をすることがある，といった考え方にもとづく概念である。

　こうした考えに照らせば，たとえば幼い子どもの福祉のために母親ないし父親が自身の稼得者としての地位（キャリア）を一定程度，犠牲にしてでも子どもと一緒の時間を過ごす選択をすることも「行為主体的自由」として認められるべきということになる。

　ただし，他方では，個人の選択に任せていたのでは既存のジェンダー関係の変革は望めない，というフェミニストの主張もある（Phillips 2001；Orloff 2009）。たとえば，ルイスとジュラーリは「行為主体的自由」の重要性を認めつつも，労働とケアをめぐるジェンダー関係に適用する場合には，人間の自律性だけでなく相互依存性を念頭に入れることが重要だと述べている。というのも，とりわけ男女が不平等な権力関係にある場合には，一方の選択が他方の選択を妨げること（夫の「ケアに携わらない」という選択が，妻の「就業する」という選択を妨げるなど）が考えられるからである。そのため彼女たちは，労働とケアの選択をめぐる「潜在能力」のジェンダー平等のためには，「ケア労働を男女が共有する」というより大きな価値観を，法的根拠をもって規定することが必要だと主張する（Lewis and Giullari 2005）。

　こうしたフェミニストたちの指摘はきわめて重要なものとして筆者も共感する。しかしそうだとしても，現実に稼得とケアの調和をはかることを望む人びとが存在し（これには一定程度の男性も含まれるだろう），そのような希望が叶えられていない現状があるのだから，まずはこうした人びとの「主体的

選択」を後押しし，そのような選択が当たり前に可能な社会システムをめざすことが妥当ではないかと考える。したがって前記のような論点については，ここではこれ以上立ち入らず，議論を前に進めることとする[10]。

　第3に，本書における定義は，社会・生活保障システムとしての定義を想定しており，これは「政策目標」として成立するものでなければならないためである。「政策目標」は，より一般的な「社会的目標」とまったく同じものではない。「政策目標」は，政策論理が人びとに広く受け入れられ，制度としての実効性が担保されてはじめて成立しうるものである。だが，もし定義において稼得・ケア役割をめぐる「ジェンダー均等」を明示するとしたら，このようなある種「画一的」なジェンダー平等のあり方が，はたしてどれほどの国民的合意を得られるだろうか。多くの人が政策に対して抱く思いとしては，どのような生き方を選択するかは上から押しつけられるものではなく，個人の主体性に委ねられるべきというものであろう。その点「個人の主体的な選択」の支援は，多様なライフスタイルや価値観が存在する現代社会においても，多くの人にとって比較的受け入れやすいものであると思われる。

　以上3点の理由から，本書では「男性でも女性でも稼得とケアの調和をはかりたいという内在的な意思を尊重し，これを選択し実現できる社会システム」を定義として据える。またそうすることで，制度・政策の役割に関する本書の立脚点も必然的に定まる。つまり，制度・政策はこうした個人の選択を可能にするよう，またその選択に付随しうるリスクや不利益を取り除くように体系化される必要がある。

　ここまで本書における「稼得とケアの調和モデル」の定義について述べてきたが，誤解のないように付記すると，この定義の設定は「社会的目標」としてよりジェンダー均等に近づくことを否定するものではない。ただし，より厳密にいえば，フェミニスト研究が長年にわたり希求してきた究極の目標は，特定のジェンダーが社会的役割に結びつけられた状態から脱却すること，すなわち「ジェンダーの脱構築」であって，男女がまったく同じ行動をとる

という意味での「ジェンダー均等」ではないはずである。したがって,「社会的目標」の到達地点としては,「女性性や男性性と結びついてコード化されている稼得・ケア役割の構造を解体し,個人がジェンダー規範ではなく自身の資質や価値観にもとづいて,あるいは個人の大切に想う相手との社会的関係性のなかで,より自由に社会的役割を選択し遂行することができる社会」を設定すべきだと筆者は考える。

　以上の議論をまとめると,図2-2のようになる。くりかえし述べてきたように,稼得とケアをめぐる個人の行動決定は,まったく自由な選択の結果であるとは限らず,社会文化的規範や経済の構造・状況などの制約を受ける。その意味では,個人の自由な選択を阻む制約を少しでも取り除くために,こうした構造に働きかけていくことは不可欠である。しかし本書では,政策の外にある与件はいったん脇におき,個人の行動決定に影響を及ぼしうる政策のあり方と,その政策形成過程に焦点を絞る。

　重要なことに,現実において選択肢や選択の機会があることが個人の行動や意識の変化に先立つということが指摘されている(Gerson 1993)。逆にいえば,現実的な選択肢がない状態においては,人びとは稼得とケアの調和を選択することはおろか,これを望むことさえも制限される可能性が高いということである。

　このような指摘を念頭におき,本書は「稼得とケアの調和モデル」を「現実的な選択肢」にするための政策的基盤・条件の整備に着目する。具体的には,子どもができても今までどおり働きつづけたい,子どもと一緒の時間を増やすために一時的に仕事をセーブしたい,出産・育児のために仕事を辞めたがまた働きたいなど,男女のこうした内在的な希望を実際に選択し実現できる支援体制を整えることである。これこそが,制度・政策の担う重要な役割である。[11]

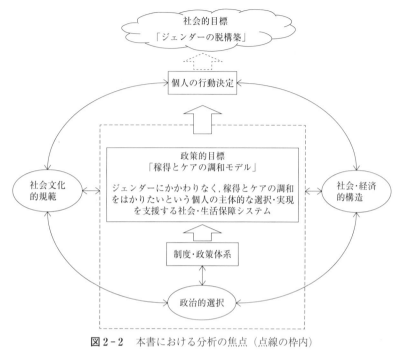

図2-2　本書における分析の焦点（点線の枠内）

出所：筆者作成。

（3）既存研究の到達点と課題

　次に，本格的な政策論の展開に向けて，既存研究の到達点と課題を明確に
しておきたい。「稼得とケアの調和モデル」に関して，その概念に言及する
研究はこれまでもみられた。たとえば，このモデルを理論的枠組みに据えて，
就学前幼少期教育・ケア（Early Childhood Education and Care：ECEC）サービ
ス（以下，「ECECサービス」という）や育児休業制度などの施策が単体でいか
にモデルを体現しているかを検討する研究などが挙げられる（Ciccia and
Verloo 2012；Ciccia and Bleijenbergh 2014）。

　しかし，このようなアプローチは，個々の施策に関して重要な示唆を与え
るものの，社会・生活保障システムとしてこのモデルをどのように具現化す

るのか，という問いへの答えは示し得ない。なぜなら，わたしたちは通常さ
まざまな制度・政策を併用して「稼得とケアの調和」をはかろうとするので
あり，個々の制度がいかに機能するかと同時に，総体としての「政策体系」
がいかに機能するかを検討することが重要だからである。

　以上の理由から，本書では，政策領域間の連関に着目し，複数の政策領域
にまたがった「政策パッケージ」のアプローチを採用する。だが「稼得とケ
アの調和モデル」を具体的な政策パッケージと結びつけて検討している研究
は意外にも少なく，貴重な先行研究として挙げられるのはSainsbury（1999），
Gornick and Meyers（2008）の2つである。これらの研究は，「稼得とケア
の調和モデル」に関する政策パッケージの「青写真」を提示したことで，こ
の領域における研究の進展に大きく貢献した。

　上の2つの研究で提示された「稼得とケアの調和モデル」の政策パッケー
ジをみてみると，Sainsbury（1999）では4つの政策項目が，Gornick and
Meyers（2008）では3つの政策項目が挙げられている（表2-2参照）。

　より具体的にみると，Sainsbury（1999）は税制・社会保障制度を枠組みに
組み込んでいるが，Gornick and Meyers（2008）はこれには言及していない。
しかし，世帯内における被扶養の妻や母親役割に対する優遇措置には女性の
就業を妨げる傾向があるため，「稼得とケアの調和モデル」の具現化に向け
て検討されるべき重要な政策項目であると考えられる。この点は，セインズ
ベリの研究の強みである。

　そのほかの政策項目はある程度，両方に共通しているが，Gornick and
Meyers（2008）では各制度・政策のあるべき姿がより具体的に示されている。
さらに，Sainsbury（1999）は1980年頃の政策に焦点を当てているという時代
制約もあって，有償労働における機会均等のみを問題としていたところを，
Gornick and Meyers（2008）はこれを働き方の問題，すなわち労働（時間）
の柔軟性にまで拡大している。この点は大きな進展である。なぜなら，こう
した政策がなければ，長時間のフルタイム就業とケア役割の選択がトレー

表2-2　先行研究における「稼得とケアの調和モデル」の政策パッケージ

	Sainsbury（1999）	Gornick and Meyers（2008）
1	個人単位の税制・社会保障制度	
2	ジェンダー役割に基づかない受給資格（男女ともに労働・ケア関連給付の受給権を付与）	育児休業制度 ・被雇用の親に6か月の復職保証付き休業 ・母親・父親それぞれに互いに譲渡不可の受給資格 ・100％の所得補償（所得上限あり，社会保険財源，勤務歴要件なし） ・取得時期・方法の柔軟性（出生後8年間） ・特別有給休暇（子どもの病気など緊急の理由）
3	ケアの社会化（強い国家介入）	ECECサービス ・すべての子どもに利用資格を付与 ・政府財源80％，親負担20％（世帯収入に応じて変動） ・多様な供給主体（政府によるサービスの質の管理，ケアワーカーの保護・人的資源への投資） ・親の労働時間に応じたサービス供給
4	有償労働における機会均等	労働時間規制 ・労働時間規制（週35-39時間，残業規制） ・年次有給休暇（1か月） ・パート労働の平等待遇（賃金，社会保障） ・すべての労働者に時短勤務・フレキシブルワークを申請する権利（企業側が却下した場合は政府による監査対象，従業員数10〜15人以上の企業に適用）

出所：Sainsbury（1999），Gornick and Meyers（2008）より筆者作成。

ド・オフの関係に陥る可能性が高いからである。また，これは男性のケア役割を推進するうえでも欠かせない政策であるといえる。

　さらにいえば，Sainsbury（1999）は「ケアの社会化」と「有償労働における機会均等」に関してアウトカム指標（公的保育サービスの利用率，雇用率など「実態」をあらわす指標）を用いた実証を行っているが，Gornick and Meyers（2008）はすべての項目において厳密に政策のあり方に焦点を絞った分析をしている。これまであまり注目されてこなかったが，この点は政策分析にあたってきわめて重要である。

　前章でレジーム／モデル類型化論アプローチの課題としても触れたが（26頁），政策と実態を変数として混在させてしまうと，政策の変化が実態（の変

化・非変化）にどのような影響を及ぼすのかなど，政策と実態の関係性を探ることがむずかしくなる。また，アウトカム指標はたしかに政策のあり方と深く関係するが，政策の外にある与件などの影響を受けるため，政策分析の変数としては厳密ではない。したがって，政策論として純化させるためには，実態をあらわす統計データよりも，政策のあり方を示すテキストデータを用いることが望ましい。この点も，ゴーニックとメイヤーズの研究がもたらした進展である。

　ただし，以上のような進展がみられた一方で，課題も残っている。それは，セインズベリ，ゴーニックとメイヤーズのいずれの研究においても，「稼得とケアの調和モデル」に関する政策パッケージは1つのタイプしか示されていない点である。このことは，次のような疑問を生じさせる。すなわち，「稼得とケアの調和モデル」を具現化しうる政策パッケージはこれが唯一の方法なのだろうか。また，この政策パッケージは時代や国境を越えてあらゆる国において適用・実施が可能なのだろうか，といった疑問である。特に，日本の文脈で考えた場合には，既存研究の示す方法以外の選択肢も検討することが重要だと思われる。こうした課題については，次章で詳しく論じる。

4　政策論に向けて

　本章では，まず「男性稼ぎ主モデル」とは異なるモデル・概念の比較検討をとおして，わたしたちがめざすべき社会・生活保障システムの規範的モデルを明示した。それは「稼得とケアの調和モデル」であり，男女ともに稼得者としての役割と同時に，ケア提供者としての役割も果たすことを志向するものである。

　次に，既存研究におけるこのモデルの定義の整理をとおして，本書における「稼得とケアの調和モデル」の定義を明示した。その定義は，「ジェンダーにかかわりなく，稼得とケアの調和をはかりたいという個人の主体的な

選択・実現を支援する社会・生活保障システム」というものである。

　最後に，これまでに「稼得とケアの調和モデル」に関する政策パッケージの「青写真」を示した2つの研究を概観したうえで，到達点と課題を検討した。到達点としては，政策パッケージにおける4つの政策項目（(1)税制・社会保障制度，(2)育児休業制度，(3)ECECサービス，(4)労働政策）とそれぞれの具体的な制度内容が示されたことが挙げられた。ただし課題として，既存研究では1つのタイプの政策パッケージしか示されていない点を指摘した。特に異なる国や文化における，政策パッケージの普遍性および実現可能性を考えたときには，この研究領域にはまだ発展の余地があると思われる。

　したがって，次章ではこのような既存研究の限界を乗り越えるため，「稼得とケアの調和モデル」を具現化しうる政策パッケージの多様性について検討してみたい。

注

(1)　たとえば，堀江（2001），横山（2002），深澤（2003），居神（2003），大塚（2012）などがある。

(2)　本書における日本語訳は一貫して，「earner」を「稼得者」，「breadwinner」を「稼ぎ主」としている。その意図としては，後者の「稼ぎ主」は，単に働いてお金を稼ぐだけでなく，「家族全員の生計を支える一家の大黒柱」というニュアンスを含むことを踏まえ，両者を区別するためである。また，後述する「de-familialization」を「脱家族化」と訳している研究があるが，厳密にいえば，家族を脱する（解体する）のではなく，福祉の供給において家族に頼る「家族主義」を脱するという意味で「脱家族主義化」である。こうした単語のもつ微細なニュアンスの違いに注意を払っている国内の研究は多くないが，筆者は重要だと考える。

(3)　Lister（1994：37）の定義では，女性の経済的自立（社会的に受容される生活水準の確立）の手段として，有償労働だけでなく社会福祉制度を通じた給付も含んでいる。

(4)　たとえばEsping-Andersen（1999：51）は，「ジェンダー関係に焦点を当てるのであれば『男性稼ぎ主モデル』類型が主な関心事になろう。だがわたしの意

図は，家族が社会的リスクを吸収する程度をみることにあるため，『家族主義化』『脱家族主義化』について議論することを選ぶ」と述べ，ジェンダー関係は分析の射程外であることを明言している。その後の文献では，ジェンダーの視点を取り入れたものの，男性のケア役割については若干の言及にとどまり，議論の焦点はもっぱら女性の就業とそれを支援する国家の役割に向けられている（Esping-Andersen et al. 2002；Esping-Andersen 2009）。

(5)　ただし，北欧諸国では家族ケアを支援すると同時に，サービス利用によるケア負担の軽減という選択肢も保障されることから，家族主義のなかでも「選択的家族主義」に位置づけられる（Leitner 2003：359）。

(6)　先行研究のなかには，同様の問題意識から，よりジェンダーに焦点化した概念枠組みを提起するものもある。たとえば，「家族主義化−個人主義化」（Daly 2011），「ジェンダー化−脱ジェンダー化」（Saxonberg 2013），「脱家庭化（de-domestification）」（Kröger 2011）などである。しかし，これらはいずれも，政策動向や政策の意図する効果などを解明するための分析装置としての枠組みであり，労働とケアの関係性を明示する「モデル」のかたちにはなっていない。

(7)　「ケア提供者等価モデル」が論じられる以前にも，1970年代には家事労働を資本主義経済システムの埒外に追いやったマルクス経済学への批判から「家事労働に賃金を！」という言説が生まれ，家事労働の意味と位置づけを問いなおす論争へと発展した。しかしこの言説もまた，「家庭での労働に注意を払うあまり女性の雇用労働を過小評価する」「公的領域と私的領域とを区別し，前者を男性に後者を女性に結びつけることを研究者自身が暗黙の前提として受け入れている」といった批判・反省から，（少なくとも欧米では）1970年代後半にはこれとは異なる視点や方法論にもとづくジェンダー分析を模索する道が開かれていった（木本・深澤 2000：25-36）。他方，同時期に日本でも家事労働論争が繰り広げられたが，塩田（1992）によれば，日本ではこうした議論は，家事労働そのものの分析や経済的評価には向かわず，専業主婦の地位を向上し優遇する政策に結びついたとされる。

(8)　ただし「稼得とケアの調和モデル」は，育児期において家族ケアのための時間を男女ともに保障するという意味であり，必ずしもケアのために労働市場を「完全に退出する」ことを意味するわけではない。したがって，実際の就業率はM字型にならないこともある（たとえば「育児休業取得者」を統計的に就業者とみなす国や，パートタイム労働および在宅勤務などによって労働市場に参加しながらケアと両立することが可能な国ではM字型にならないことも考えられ

る）。つまり，ここでのM字型カーブは，あくまでもほかのモデルとの相違をイメージしやすいように用いたメタファーにすぎないことをことわっておきたい。

(9)　本書では「稼得とケアの調和モデル」というモデル名において，先行研究にみられるような「dual-」や「individual-」などの枕詞はつけない。その理由として，まず「dual（二重の＝両性）」とすると「世帯内に2人の大人がいる」印象を与えるため，暗黙裡に「ひとり親家庭」を排除してしまう恐れがある。本書は研究対象としてひとり親家庭を積極的に論じるものではないが，めざすべき規範的モデルとしてはどのような家族形態であっても包摂されることが望ましい。同様に，「individual（各人・個人）」という単語はジェンダー社会政策研究において「familial（家族的）」の対極として用いられることがある（たとえば，「家族主義」の対極としての「個人主義」のように）。しかし，本書では単に社会・生活保障システムの「個人化」を主張するわけではなく，特にケア供給に関しては家族の果たす役割も重要視している。以上の理由から，本書ではシンプルに「earner-carer model」とする。また，「仕事」とケア（家庭）の調和とせずあえて「稼得」とすることには，どのような仕事でもとにかく就業すればよいわけではなく，「稼ぐ」ことができる，すなわち一定水準の生計を自ら立てることが可能な就業であるという意味を包含する意図がある。

(10)　ただし，「稼得とケアの調和モデル」の定義をめぐっては，特に「行為主体的自由」と「ケア労働の男女共有責任」といった概念の関係性などについて，より本格的に検討することが必要である。この点については今後の課題とする。

(11)　この点は制度・政策の担う役割のうち「最低限のライン」であろう。特に，労働市場における格差や不平等が大きく，社会文化的なジェンダー規範もいまだ根強い日本においては，これに加えて労働とケアをめぐる既存のジェンダー関係の変革をより積極的に推進するしくみを取り入れることも検討に値すると思われる。たとえば，第3章で詳しくみるように，欧州諸国で導入されている，父親の育児休業に対して強いインセンティブを設けることによって取得を促進するなどの働きかけは，重要な意味と効果をもちうると考える。

第**3**章

「稼得とケアの調和モデル」の３つの
政策理念型《政策論》

1　本章の目的

　第**2**章では，「男性稼ぎ主モデル」に代わる新たな規範的モデルとして「稼得とケアの調和モデル（earner-carer model）」を提唱した。また，その理論枠組みにもとづく政策パッケージの「青写真」として，(1)税制・社会保障制度，(2)育児休業制度，(3)ECECサービス，(4)労働政策という４つの政策項目とそれぞれの具体的な制度内容が示されたことが，既存研究における到達点であると述べた。しかしその一方で，既存研究は１つのタイプの政策パッケージしか示していないという限界もみられる。それは，以下で詳述するとおり，政策パッケージの普遍性および実現可能性にかかわる問題である。

　したがって，本章の目的は，「稼得とケアの調和モデル」を具現化しうる政策パッケージに関して既存研究の示すものにとどまらない，より多様な選択肢の存在を明らかにすることである。その作業過程としては，セインズベリ，ゴーニックとメイヤーズの研究と同様に，「稼得とケアの調和モデル」を理論的枠組みに据え，また彼女らの提示した政策項目のフレームワークを参照する。ここまでは先行研究に大きく依拠することになる。しかし，それ以降は「稼得とケアの調和モデル」を具現化しうる政策パッケージの多様性を探るという本研究オリジナルの試みをとおして，この領域の研究を１歩前進させることに貢献したい。

　結論を先に述べれば，分析の結果，「稼得とケアの調和モデル」を具現化

しうる政策パッケージには少なくとも３つの異なるタイプがあることが明らかになる。それらは，「稼得とケアの調和モデル」の３つの政策理念型として新たに提唱される。すなわち，「タイプⅠ：連続就労・公的ケア型」「タイプⅡ：断続就労・（選択的）家族ケア型」「タイプⅢ：柔軟就労・共同ケア型」である。

2　政策パッケージの多様性を検討する意義

これまでの研究においては，「稼得とケアの調和モデル」を具現化しうる政策のあり方として，１つのタイプの政策パッケージが示された。しかしながら，そのことは次のような疑問を生じさせる。すなわち，「稼得とケアの調和モデル」を具現化するためにはその政策パッケージを構築するしか方法がないのだろうか，またその政策パッケージは時代や国境を越えてあらゆる国において適用・実施が可能なのだろうか。つまり，政策パッケージの普遍性および実現可能性にかかわる疑問である。

表２－２（50頁参照）のとおり，先行研究で「青写真」として示された政策パッケージをみると，Sainsbury（1999），Gornick and Meyers（2008）の両方に共通するのは，(1)国家の責任に比重をおく点，(2)サービス給付や労働規制といった政策手段に焦点を当てる点である。しかしその一方で，国家以外のアクター（たとえば市場・雇用主・親など）がケアの供給主体あるいはコスト分担者として役割を果たす場合もあるのではないか。また政策手段としては，親による在宅育児や公的以外のサービス購入に対する経済的援助（現金給付や税額控除）などの選択肢もありうるのではないか，といったことが考えられる。しかし，先行研究ではこうした点は十分に検討されていない。

実はSainsbury（1999）の政策パッケージは，主にスウェーデンの政策体系に依拠している。またGornick and Meyers（2008）の政策パッケージは，北欧４か国（デンマーク，フィンランド，ノルウェー，スウェーデン）およびフラ

ンス，ベルギーの優れた制度を部分的に抜粋して再構成されている。

　しかしながら，異なる文化，政治体制，政策展開の歴史をもつ国では，この政策パッケージをそのまま実現することはむずかしいのではないだろうか。たとえば，先にも少し触れたが，ECECサービスに関しては両者とも国家の役割に比重をおいている。だが「緊縮財政の時代」（Pierson 2011）ともいわれる今日の国家財政状況において，あるいは家族ケアを大切にする文化圏において，この選択肢にはどれほどの実現可能性があるだろうか。

　ゴーニックとメイヤーズは，彼女たちが提唱する政策パッケージを完全に実現している国はいまだ存在しないと述べている（Gornick and Meyers 2008：328）。このことは，各国が今後この政策パッケージの方向へと収斂していく可能性を示す一方で，他方では各国がそれぞれの国情に合った，より実現可能性の高い政策パッケージのあり方を模索しながら「稼得とケアの調和モデル」に接近していく可能性も残されていることを意味する。

　そのような多様な選択肢の可能性を具体的な政策のあり方とともに探索する試みは，この領域の研究の発展に，とりわけ次の2点において寄与すると思われる。第1に，「稼得とケアの調和モデル」を具現化するための政策的な処方箋を1つではなく複数，提示する点である。前章で検討したとおり，このモデルは多くの国にとってめざすべき理想の社会・生活保障システムであるといえる。しかしながら，現在「青写真」として示されている政策パッケージを選択・決定し実施することが，さまざまな理由からむずかしい国も少なくないと考えられる。また国によっては，いよいよこれからモデルの実現に向けた政策体系を本格的に構築しよう，という段階にある国もあるだろう。そのような国にとって，自国の歴史や現状により合った方法を検討するうえで，本章で示す選択肢は複数の参照軸を提示することができる。

　第2に，福祉国家の国際比較研究のための，より頑強な分析枠組みを提示する点である。図3－1に示したとおり，1つの政策パッケージ（理念型）[1]に依拠した比較研究では，この「理念型と現状との距離」のみが分析の主な

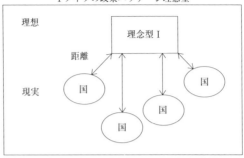

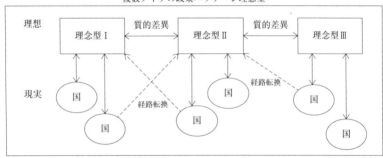

図3-1 理論枠組みを広げることによる研究発展のイメージ

出所：筆者作成。

焦点となるため，各国の政策パッケージが包含する質的差異や，制度・政策変化による経路転換の動きなどを捉えにくい。

　これに対して，複数の理念型を枠組みとした比較研究では，理念型と現状との距離にとどまらず，「理念型間の質的差異」（水平方向の実線）や「経路転換の動き」（斜め方向の点線）も分析の射程に入れることが可能となる。たとえば，ある国ではなぜ理念型ⅠではなくかⅡのような政策パッケージが形成されるに至ったのか，または，ある経路転換はなぜ，いかなる政策変化を伴い生じたのか，といった問いを立てることができる。つまり，理念型の枠組

みを広げることによって，政策パッケージの「形成」や「変革」に関する論理をより体系的に分析することが可能となるのである。[2]

3　分析枠組み

研究方法としては，政策のあり方を示すテキストデータを用いて，欧州諸国における政策パッケージの内容を比較・分析する。研究対象とする国は，スウェーデン，フィンランド，ドイツ，フランス，オランダ，イギリスの6か国である。この6か国の選定によって，エスピン-アンデルセンによる福祉レジームの「3つの世界」はおおむねカバーされる（Esping-Andersen 1990）。

分析対象とする制度・政策は，(1)税制・社会保障制度，(2)サービス，(3)時間，(4)金銭援助の4つの政策手段に関するものである（Kamerman and Kahn 1994）。具体的な政策項目は，(1)税制・社会保障制度，(2)ECECサービス[3]，(3)育児休業および労働政策，(4)家庭内・外ケアに対する現金給付である[4]。これらはすべて，社会政策のなかでも労働，ケア，ジェンダーのあり方に深く結びついている[5]。

さらに「稼得とケアの調和モデル」との関係において，各制度・政策がもつ機能についても触れておきたい（72頁の表3－2「手段・機能」参照）。まず，(1)税制・社会保障制度，(2)サービスは，両親の稼得役割を促進するうえで重要な政策手段である。たとえば，税制・社会保障制度は，制度のあり方によって世帯内の2番目の稼得者（多くの場合が女性）の就業に対する金銭的動機を促したり妨げたりすることが明らかになっている（Sainsbury 1996, 1999；Dingeldey 2001）。またサービスには，ケア責任を一定程度，家庭から国家ないし市場に移転する機能があり，そうすることで親の就業が支援される[6]（Esping-Andersen 1999）。

他方で，(3)時間に関する政策（育児休業制度[7]，パートタイム労働・柔軟な働き

59

方などの労働政策）には，親が仕事に費やす時間を一定程度，家庭でのケア活動に移転する機能があり，そうすることで親のケア役割が支援される（Knijn and Kremer 1997）。そして(4)金銭援助は，制度のあり方によって，親の稼得役割の促進とケア役割の促進のいずれにも機能しうる。というのも，家庭外の（フォーマル）ケアサービス購入に対する金銭援助は親の就業を支援するし，反対に家庭内の（インフォーマル）ケアに対する金銭援助は親のケア役割を支援するからである。

　以上の枠組みに即して，制度の対象，受給資格の単位，給付水準・期間といった制度内容の詳細について，主にEUやOECDなどが公開しているテキストデータを用いて，各国の共通点と相違点を比較・分析する。その後，欧州6か国の政策体系の特徴を整理したうえで，「稼得とケアの調和モデル」に関する異なる3タイプの政策パッケージを明らかにし，これを「3つの政策理念型」として提唱する。

表3-1　欧州6か国と

政策項目	スウェーデン		フィンランド		ドイツ	
税制・社会保障制度						
課税単位	個人		個人		個人／世帯（選択制）	
配偶者控除	なし		なし		課税単位に含む	
拠出・給付単位	個人		個人		個人・世帯	
給付における配偶者手当	なし		なし		なし	
ECECサービス						
すべての子どもに利用資格が与えられる年齢	1歳		育休終了時（約10か月）		1歳	
財源	公的		公的		公的	
時間（週）	40時間		40時間		自治体による	
親の負担する利用料	上限あり		上限あり		自治体による	
現金給付						
サービスの購入	なし		あり		自治体による	
親による在宅育児	自治体による		あり		自治体による	
育児休業制度（受給資格｜期間｜補償）						
母親休業（産前産後休業）	個人　2週	77.6%	個人　17週	70-90%	個人　14週	100%
父親休業	個人　10日	77.6%	個人　2か月	70-75%	なし	
育児休業	家族　480日	定額-77.6%	家族　6か月	70-75%	個人　3歳まで	無償-67%
在宅育児休業	自治体による		家族　3歳まで	定額	自治体による	
産後の休業期間合計（十分な所得補償のある期間）	1年4か月（1年1か月）		3年（11か月）		3年（1年2か月）	
ジェンダー均衡促進措置	父親に譲渡不可の期間（2か月）給付額の上乗せ		父親に譲渡不可の期間（2か月）パートタイム取得時の規制		給付期間の延長（2か月）	
財源	両親保険		疾病保険（最低保証給付：国税，在宅育児手当：国税+地方税）		医療保険（産休），税（育休）	
労働政策						
パート労働の待遇・社会保険包摂	十分		十分		やや不十分	
柔軟な働き方（パート労働含む）の申請権					すべての労働者	
対象者	親（小学5年まで）*育休		親（小学2年まで）*育休			
フルタイムへの復帰	可*育休		可*育休		可（8歳までの2年間*育休）	
対象企業	すべての企業		すべての企業		従業員15人以上の企業	

　なお，使用したテキストデータは主に2013～15年のものであるが，制度変更に関する最新の動向については分析結果における各国の叙述部分で触れることとする。また分析結果には日本の政策的現状も含めている。しかし後述するとおり，日本の現状は欧州諸国の政策水準にまだ到達していないため，欧州諸国と同じ土俵で分析することは困難である。したがって，本章ではあくまで日本の政策的現状を相対的に示すことを目的として，日本についても少し触れる。

4　欧州6か国と日本の政策パッケージ

　欧州6か国と日本の政策パッケージを比較・分析した結果を，表3－1に示した。以下では，この表の内容に沿って各国の特徴を説明する。

日本の政策パッケージ

フランス		オランダ		イギリス		日本（参考）	
世帯（夫婦+子ども）		個人		個人		個人（所得控除）	
課税単位に含む		なし		なし		あり	
個人・世帯		個人		個人		個人・世帯	
なし		なし		なし		第3号被保険者（老齢年金）	
3歳		4歳		3歳		なし	
3歳未満	3歳-小学校入学	4歳未満	4歳-小学校入学	3歳未満	3歳-小学校入学	3歳未満（保育所）	3歳-小学校入学（幼稚園）
公的		公的・民間	公的	公的・民間	公的		
多様	40時間	多様	22時間	多様	15時間	約40時間	約20時間
上限あり	無償	上限なし	無償	上限あり	無償	上限なし	
あり		あり（就労世帯）		あり（低所得就労世帯）		なし	
あり＊育休		なし		なし		なし	
個人	16週	100%	個人	16週	100%	個人	52週	定額-90%	個人	14週	67%
個人	11日	100%	個人	2日	100%	個人	2週	定額	なし
個人	3歳まで	定額	個人	26×週労働時間	無償	個人	18週	無償	個人	1歳まで	50-67%
あり＊育休		なし		なし		なし	
3年（3か月）		約1年3か月（2か月）		1年8か月（6週間）		1年2か月（1年2か月）	
最長期間の受給には両親の取得が必須		なし		なし		給付期間の延長（2か月）	
医療保険（母親・父親）		雇用保険，雇用主（父親休業）		雇用主（政府補助あり）		医療保険（産休），雇用保険（育休）	
家族手当金庫（育休）							
十分		十分		やや不十分		不十分	
すべての労働者		すべての労働者		すべての労働者		親（3歳まで）＊育休	
可（3歳まで＊育休）		可		可			
すべての企業		従業員10人以上の企業		すべての企業		すべての企業	

　　注：義務教育開始年齢はスウェーデン・フィンランド7歳，ドイツ・フランス6歳，オランダ・イギリス5歳（OECD 2006）。育児休業の「十分な所得補償」とは従前所得の65％以上。
　　　＊育休：「育休制度の中で整備されている」という意味。

スウェーデン：【育休】期間：各親に2か月の譲渡不可期間。補償：最後の90日間は定額給付。30か月以内にもう1人出産した場合は同じ受給資格が継続する（「スピード・プレミアム」）。ジェンダー均衡促進措置：平等に取得した日数につき約5ユーロの上乗せ。【柔軟な働き方】対象者：4歳以降に取得できるのは96日間のみ。

フィンランド：【育休】母親休業：105就業日，56日間は所得の90％，残りは70％。父親休業：54就業日（子どもが2歳になるまで取得可），育休：158就業日，いずれも30日間は所得の75％（2016年から70％に引下げ）。

ドイツ：【育休】所得補償67％：1年＋ボーナス2か月間（半額を2年＋4か月間で受給も可）。【労働政策】パート労働の待遇：平等待遇に必要な「比較対象となるフルタイム従業員」の証明が難しいことがある。社会保障包摂：「ミニ・ジョブ」の適用除外（2013年以降，年金は強制適用）。【柔軟な働き方】フルタイムへの復帰：育休制度外ではパート労働者は社内のフルタイムのポスト補充に際し優先権をもつ。

フランス：【現金給付】3歳未満児の養育者には「乳幼児受入手当」（①出産手当②基礎手当③育児分担手当（PreParE）④就業自由選択オプショナル補足手当［第3子以降］⑤保育方法自由選択補足手当から成る）が支給され，そのなかで家庭外サービス購入補助（⑤），在宅育児の選択肢（③）が保障されている。【柔軟な働き方】フルタイムへの復帰：育休制度外ではパート労働者は社内のフルタイムのポスト補充に際し優先権をもつ。

オランダ：【ECECサービス】4歳未満利用料：世帯収入による（低所得世帯では利用料の大部分を政府が援助），政府補助の範囲となる利用料の上限も定められている。【父親休業】2015年以降，追加で育休の「3日間」を父親休業として利用可（無償）。【育休】期間：週38時間労働の場合26週間（6か月）。原則的にパートタイムでの取得となるため通常1年以上にわたり取得できる（雇用主との協議によりフルタイムでの取得も可能）。補償：公的セクターでは所得の75％。

イギリス：【育休】母親休業：6週間は所得の90％，33週間は定額給付，13週間は無償。取得義務のある2週間を除き残りの期間を全て父親に譲渡可。育休：1年間に取得できる上限は4週間。財源（費用に対する政府補助）：中・大企業92％，小企業103％。【労働政策】パート労働の待遇：平等待遇に必要な「比較対象となるフルタイム従業員」の証明が難しいことがある。社会保障包摂：低所得のパート労働者の適用除外。【柔軟な働き方】フルタイムへの復帰：法的には明示されておらず雇用主との協議による。

日本：【社会保障】医療保険は世帯単位。【ECECサービス】2006年から保育所と幼稚園の機能を併せもつ「認定こども園」が導入されている。利用料：保護者の収入に応じた設定（保育所），各設置者による設定（幼稚園）。【育休】補償：6か月間は所得の67％，残りの6か月は50％。十分な所得補償期間：両親ともに最長期間を取得した場合。【柔軟な働き方】対象者：3歳〜就学前の子をもつ親に対しては企業による時短勤務・残業免除の措置義務あり。

出所：Burri and Aune（2013），European Commission（2014），SSPTW（2014），Moss（2015），OECD（2015）.

（1）スウェーデン

　スウェーデンは世界でもいち早く，税制・社会保障制度の個人化に取り組んできた国である。1971年に世帯単位から個人単位の所得税制度に移行し，現在では税制・社会保障制度のいずれにおいても配偶者の優遇措置はない。

　ECECサービスは，すべての子どもに全日の公的サービスを利用する権利が1歳から保障されており，「ソーシャルペダゴジー」にもとづく教育と保

育を統合したサービスを利用することができる。[8]他方，育児に関する現金給付については，きわめて限定的な方針を採ってきた。公的以外のECECサービス利用に対する経済的支援はない。また2008年以降，公的サービスを利用せず3歳未満児を親が自宅で育児する場合に，自治体が任意で支給する定額給付があったが，2016年から廃止となった（Duvander et al. 2016：344）。

　ECECサービスの利用資格が発生する1歳までは，十分な所得補償（ここでは従前所得の65％以上とする）を伴う育児休業制度によって，親の「ケアする権利」が保障されている。育児休業は家族単位で支給されるが，全480日のうち60日ずつは父親と母親のそれぞれに割り当てられており，互いに譲渡できない個人の権利となっている（「パパ月・ママ月」）。[9]さらに，父親と母親が休業日数をより均等に取得すればするほど，給付額に加算される「ジェンダー均衡ボーナス」というしくみがある。

　柔軟な働き方の選択肢は育休制度に包摂されており，親は子どもが12歳になる（または小学校の第5学年修了）まで勤務時間を短縮し，その差額の所得補償を受けられる。

（2）フィンランド

　フィンランドでも税制・社会保障制度の単位は個人であり，配偶者を優遇する措置はない。ECECサービスについては，すべての子どもに約10か月から全日の公的サービスを利用する権利が保障されている。[10]育児休業ではよりジェンダー均衡な取得を促すため，スウェーデンと同様，父親に2か月の譲渡できない期間が割り当てられている。[11]しかし，スウェーデンと決定的に異なっているのは，政府がサービスだけでなく現金給付の手段も用いて，より多様な育児方法を支援する点である。

　具体的には，フィンランドでは育休終了後から子どもが3歳になるまで，大きく3つの選択肢が用意されている。1つ目は，上記のとおり公的ECECサービスの利用である。2つ目は，ECECサービスを利用せずにどちらかの

親が自宅で育児する場合，定額の「在宅育児手当（Home care allowance）」が支給される。3つ目は，公的ではなく民間のECECサービスを利用する場合，定額の「民間保育手当（Private day care allowance）」が支給される。

さらにこれらに加えて，親は子どもが小学校の第2学年を修了するまで，定額給付を受けながら勤務時間を短縮することが可能である[13]。

（3）ドイツ

先の北欧2か国とは異なり，ドイツの税制・社会保障制度には世帯単位のものがいくつかある。たとえば，所得税制度は個人単位と世帯単位の選択制であり，社会保障でも医療保険に関しては世帯単位になっている。

一方でECECサービスについては，公的サービスを利用する権利が2013年にそれまでの3歳から1歳に拡大され，「北欧型」に近づく動きをみせた。

育児休業は，両親ともに子どもが3歳になるまで取得できるが，報酬比例にもとづく十分な所得補償（「両親手当」）があるのは1年間のみである（2年間にわたって半額を受給することも可能）。また，北欧諸国のような形態の父親休業の制度はない。ただし，育児休業のよりジェンダー均衡な取得を促進するしくみとして，両親ともに2か月以上取得した場合には，給付期間をもう2か月延長できるというインセンティブが制度に組み込まれている。

育児に関する現金給付については，フィンランドのように，子どもが3歳になるまでの在宅育児（または公的以外のECECサービス利用）に対する定額給付が2013年に導入された。だが2015年7月に連邦憲法裁判所において違憲判決が出されたことを機に，現在では各自治体の裁量に委ねられている[14]。

柔軟な働き方（パートタイム労働）に関しては，親だけでなくすべての労働者に申請権が与えられており，これは北欧2か国とは異なる点である。さらに2015年から，親は子どもが8歳になるまでの2年間，「両親手当」を受けながら勤務時間を短縮することが可能になった（「パートナーシップボーナス」として，両親ともに4か月以上パート労働に従事する場合は，最大2年4か月にわた

り「両親手当」を受給できる）。

（4）フランス

　フランスにも，税制・社会保障制度において世帯単位のものがある。所得税制度は，夫婦と子どもの人数を合わせた合算制度を採用しており，子どもの多い世帯ほど税負担が軽減される。社会保障においても，医療保険は世帯単位になっている。

　ECECについては，フランスでもすべての子どもに公的ECECサービスの利用資格が保障されている。ただし北欧やドイツとは異なり，この利用資格は３歳以上の子どもに与えられる。[15]つまり，すべての子どもは３歳から「エコールマテルネル」において全日のサービスを無償で受けられる。「エコールマテルネル」は教育システムの一部であり，北欧のような教育と保育の統合サービスというよりはむしろ，就学前教育に近い位置づけである。

　他方，３歳未満の子どもの育児に関しては大きく２つの選択肢がある。１つ目は，家庭外の保育サービスを利用すること。２つ目は，親が自宅で育児することである。フランスではこれら両方に現金給付を通じた経済的支援があり（定額給付），この点はフィンランドと類似する。

　育児休業は，両親ともに子どもが３歳になるまで取得できるが，産後に十分な所得補償を受けられるのは母親休業の約３か月間にとどまる。またフランスでも，よりジェンダー均衡な取得が推進されており，2015年には親の一方が受給できる期間は最長で２年に短縮され，残りの１年はもう一方の親のみが受給できるしくみが導入された[16]（「育児分担手当（Prestation partagée d'éducation de l'enfant：PreParE）」）。

　ドイツと同様に，フランスでもすべての労働者に対してパートタイム労働を申請する権利が保障されている。とりわけ乳幼児の親には，時短勤務をしながら「育児分担手当」を受給するという選択肢がある。

（5）オランダ

オランダの税制・社会保障制度は，北欧2か国と同じく個人単位となっており，配偶者の優遇措置もみられない。オランダでは1973年に所得税制度を個人単位に移行したが，所得税控除において，配偶者に与えられた基礎控除を主たる賃金稼得者に移転可能とする優遇措置が残っていた。しかし，これは女性の就業を妨げるとして2009年から段階的に縮小し，2024年までに廃止することが決まっている。また社会保障でも，老齢年金には最近まで配偶者への加算手当があったが，これも2015年に廃止された。

ECECサービスに関しては，すべての子どもに4歳から公的の就学前教育を無償で利用する権利を保障しており，この点ではフランスに近い（ただし提供時間は半日）。

さらにオランダのもっとも特徴的な点として，ECECサービスにおける財源負担の方法が挙げられる。前出の国々では，乳幼児期のサービスは主に公的財源によってまかなわれていたが，オランダでは2005年以降，4歳未満児の保育サービスを公的制度から市場制度に転換することが打ち出された。そしてこれを機に，民間サービスを利用する費用を親・雇用主・政府の三者が共同で分担することが法律で義務づけられた[17]。

したがって，4歳未満の子どもに関しては，親が市場サービスのなかから自由に選択し，その選択に対して政府と雇用主からの補助を受けるかたちとなっている[18]。このような家庭外サービスの利用に対する支援の一方で，フィンランドやフランスのような，親による在宅育児への経済的支援はない。

育児休業に関しては，両親ともに週労働時間を26倍した期間（週38時間労働の場合は6か月）を取得できるが，これに対する所得補償はない[19]。また育児休業は基本的にパートタイムで取得することが定められている[20]。さらに2000年の「労働時間調整法」以降，労働時間の短縮および延長を申請する権利が保障された[21]。この権利は育児に限ったものではなく，介護や余暇など理由を問わずすべての労働者に与えられる。

（6）イギリス

　イギリスでも近年，税制・社会保障制度の個人化が進められてきた。たとえば，所得税制度は，個人単位と世帯単位の選択制に（1972年），その後さらに個人単位に移行した（1990年）。配偶者控除も，所得控除から税額控除に段階的に移行し，2016年現在では廃止されている[22]。社会保障でも，オランダと同じく老齢年金において配偶者への加算手当があったが，これも2010年に廃止された。

　ECECサービスに関しては，労働党政権（1997〜2010年）がすべての子どもに3歳から公的財源による就学前教育を無償で利用する権利を与えた[23]（ただし提供時間は半日）。またオランダと同様にイギリスでも，親による在宅育児への経済的支援はなく，特に3歳未満児の保育サービスは公的・民間・ボランタリーセクターの複合構制（mixed economy）によって供給されている[24]。

　しかしながらオランダと決定的に異なるのは，ECECサービスの購入費用に対する政府の補助が低（〜中）所得世帯に限られている点である。また雇用主による補助は「任意」であるため，すべての働いている親が受けられるものではない。

　育児関連の休業については，母親に対して52週間の休業が認められている（「母親休業」）。これは欧州6か国でもっとも長い（しかし十分な所得補償があるのは6週間）。ただし，この期間のすべてを母親が取得しなければならないわけではない。母親しか取得できない2週間を除いて，残りの期間は父親に譲渡できる[25]（「両親共有休暇（Shared Parental Leave）」）。しかし，よりジェンダー均衡な取得を促進するしくみは特段設けられておらず，休業の取り方は個々の家庭の選択に委ねられている。

　柔軟な働き方は，オランダと同様に，2014年以降すべての労働者に働き方の変更を申請する権利が保障されている[26]。ただし，オランダのように労働時間の短縮と延長の両方を権利として定めているわけではなく，もとの働き方への切り替えは雇用主との協議のうえとされる。

（7）日本

　日本では，税制・社会保障制度において配偶者を優遇する措置がいまだ根強く残っている。所得税の配偶者控除や，国民年金の第3号被保険者制度などである。また，ECECサービスに関しては，欧州諸国のように「就学前のすべての子どもに一定の年齢からECECサービスの利用資格を保障する」という政策は存在しない。

　ECECサービスの財源・供給主体については，公的・民間・ボランタリーセクターの複合構制であるといえる。一方で，家庭外のECECサービス購入や，親による在宅育児に対する経済的支援はいずれも存在しない[27]。

　育児休業制度は子どもが1歳になるまで父親と母親それぞれに個人の権利[28]として付与され，所得補償も比較的高い。ジェンダー均衡促進措置としては，2010年から両親ともに育児休業を取得した場合に給付期間を2か月延長できるというインセンティブが導入された（ただし1人の親が取得できるのは最長1年間）。これはドイツの手法に近い。また，父親休業制度は存在しない[29]。

　「柔軟な働き方」に関しては，育児休業制度に含まれるかたちで，3歳未満の子どもをもつ親に対する時短勤務等の措置義務が企業に課せられている[30]。

　このように，日本において欧州諸国と同水準の政策は育児休業制度のみであり，ほかの国に比べて欠けている項目が目立つ。そのため現状では，政策パッケージの視点で日本を欧州諸国と同様に位置づけるのは困難だといわざるをえない。

（8）国際比較のまとめ

　以上のとおり，欧州6か国の政策パッケージをみると，女性の労働市場参加，家庭内のケア役割の共有，多様な保育方法の選択といった諸点をいかなるバランスで構成するのか，各国で模索されてきたことがわかる。結果として，まったく同じ制度体系をもつ国はなく，採用される政策手段や内容は国によって実にさまざまである。

　しかしそのようななかでも，すべての国にある程度共通する部分，反対に決定的に異なる部分を析出するとしたら次のような点になる。まず，税制・社会保障制度は1970年代以降，ドイツとフランスを除いて個人単位への移行が進んだ。また税制や社会保障給付における被扶養の配偶者に対する優遇措置は（段階的に）廃止，というのが欧州先進国の主流になりつつある。このような変化の背景には，やはり女性の経済的自立や労働力としての期待がある。

　次にECECサービスについて，すべての子どもに利用資格を法的に保障するという点は，6か国すべてに共通する。ただし，1歳から教育・保育の統合サービスに包摂するのか，あるいは3歳（ないし4歳）以上に就学前教育の機会を保障するのか，という違いがある。またその財源は誰が担うのかについても，公的財源を主とする国と，（とりわけ法定利用資格年齢に満たない子どもへのサービスに関して）公的財源のみに頼らず市場メカニズムを導入する国，さらには，費用の共同分担者として雇用主が重要な役割を果たすような手段を採用する国もある。

　親の「ケアする権利」をいかに保障するのかについても，多様な方法がみられる。たとえば，ECECサービスの利用資格年齢まで育休制度を利用できるようにする，子どもが3歳になるまでは親が自宅で育児することを1つの選択肢として保障する，育休制度の充実よりも通常の働き方自体の柔軟性を高める，といった手段が挙げられる。

　さらに，家庭内のケア役割を男女で共有することを促すために，どのようなしくみを導入するかも重要な論点である。これには，父親のみが利用できる育児従事期間を設ける，よりジェンダー均衡な役割共有に対してインセンティブを導入する，制度の利用方法を規制するといった異なる方法がみられる。

5　3つの政策理念型

（1）「連続就労・公的ケア型」「断続就労・（選択的）家族ケア型」「柔軟就労・共同ケア型」

　このように国際比較の結果を整理してみると，「稼得とケアの調和モデル」を具現化しうる政策パッケージとして，少なくとも3つの異なるタイプの存在がみえてくる[31]。ここでは，これらを「稼得とケアの調和モデル」の3つの政策理念型というかたちで特徴づけてみよう（表3－2参照）。

　タイプⅠは，筆者が「連続就労・公的ケア型」と名づけるものである。このタイプの典型国はスウェーデンであり，先行研究が青写真として提示した政策パッケージと大部分が共通する（Sainsbury 1999；Gornick and Meyers 2008）。「連続就労・公的ケア型」の特徴は，育児期を通じて親のフルタイムでの就業を志向する点である。

　そのため政策パッケージでは，「ECECサービスの充実」が中心的役割を果たす。すなわち，育休終了時からすべての子どもに全日の公的サービス利用を保障し，親の就業を支える。公的サービスが中心となるため，民間ECECサービスの購入や，親による在宅育児に対する経済的支援はない。他方で親の「ケアする権利」は，十分な所得補償を伴った約1年程度の育児休業によって保障される。休業期間の一部は父親と母親それぞれに個人の権利として付与することが望ましい。一方，柔軟な働き方に関する制度は育児休業と比べて，やや補足的な位置づけとなる（あるいは育児休業制度に包摂される）。

　タイプⅡは，「断続就労・（選択的）家族ケア型」と名づけよう[32]。この典型国はフィンランドである（6か国のうち，ドイツとフランスもこのタイプに類型できる[33]）。「断続就労・（選択的）家族ケア型」の特徴は，親が育児のために，タイプⅠよりも長い期間労働市場から離れ，その後ふたたびフルタイム就業

に復帰する選択肢を保障する点である。

　そのため，この型のもっとも特徴的な政策項目として「比較的長い育児休業（約3年）」と「親の在宅育児に対する現金給付」が挙げられる。ただし，これらは「復職保証つき」の休業制度（とそれに対する所得補償）であり，復職時には休業前と同じ（ないしは同等の）ポジションに戻ることを想定している。よって一時的な休業が賃金やキャリアに必ずしも不利にはたらくわけではない。この点において，ここでいう「断続就労」は日本の女性に一般的にみられるような，出産時に退職しその後主婦パートとして再就職するような「中断→再就職」型とは根本的に異なる。

　さらに，親による在宅育児はあくまで選択肢の1つであり，またこの制度は決して母親だけを対象とするものではない点を強調しておかなければならない。もし親による在宅育児とは別の選択肢がなかったとしたら，乳幼児の育児責任の大部分を家族が担わざるをえない。そのため「断続就労・（選択的）家族ケア型」は，公的ECECサービスの十分な供給があってはじめて成立するものであるといえる。

　つまり，育休終了時からECECサービスの利用が保障されているうえで，親による在宅育児も選択できる。これが「選択的」家族ケアの真意である。この点において，サービス給付も現金給付も不足している状態で，家族にケア供給の負担を期待する「家族主義」とは異なる。

　タイプⅢは，「柔軟就労・共同ケア型」と名づけよう。この典型国はオランダである（6か国のうち，イギリスもこのタイプに類型できる）。「柔軟就労・共同ケア型」の特徴は，育児期を通じて親がパートタイムで（または異なる勤務時間・場所などを柔軟に組み合わせて）就業することを志向する点である。

　そのためこの型においてもっとも重要となるのは，「柔軟な働き方」を促進する政策である。ただし，ここでいう「柔軟な働き方」は，フルタイム正社員の周辺に位置づけられる差別的待遇を維持したままの非正規社員の活用を意味しない。[34] 正社員の通常の働き方の柔軟性を高めつつ，育児期も労働市

表3-2 「稼得とケアの調和モデル」3つの政策理念型

手段・機能	政策項目・内容	タイプⅠ 連続就労・公的ケア型	タイプⅡ 断続就労・(選択的)家族ケア型	タイプⅢ 柔軟就労・共同ケア型
税・社会保障サービス給付	税制・社会保障制度			
	制度のもとづく単位（個人／世帯）	個人	個人	個人
稼得役割の促進	ECECサービス			
	利用資格年齢	育休終了時	育休終了時	育休終了時
	財源	公的	公的	公的＋民間
	時間	全日	全日	半日
金銭援助	現金給付			
両方の機能	サービスの購入	×	○	○
	親による在宅育児	×	○	×
時間	育児休業制度			
ケア役割の促進	受給資格（個人／家族）	個人	個人	個人
	期間	中程度(約1年)	長い(約3年)	短い(1年未満)
	補償	高い	中〜高	中〜高
	ジェンダー均衡促進措置	○	○	○
	労働政策			
	パート労働の待遇・社会保障	○	○	○
	柔軟な働き方	やや充実	やや充実	充実

出所：筆者作成。

場にとどまることを重視するため，「育児休業の充実」はこの型では補足的な位置づけとなる。

　さらに，ECECサービスは必ずしも全日である必要はない。親の働き方に応じて半日や全日，もしくは日によってこれらを組み合わせたサービスの利用も可能である。また，「柔軟就労・共同ケア型」のもう1つの特徴として，

ECECサービスのコストを複数のアクターで共同分担することが挙げられる。つまり，サービスの財源・供給において国家だけでなく市場も重要な役割を果たし，さらには雇用主が責任の一端を担うこともある。

（2）各タイプの特徴と位置づけ

　これら3つの異なるタイプの特徴は，「公的サービスの比重」を一方の軸に，そして「働き方の弾力性」をもう一方の軸に設定した4象限に位置づけてみると，より鮮明になる（図3-2参照）。

　タイプⅠの「連続就労・公的ケア型」は，公的サービスの比重が高く，働き方の弾力性がそれほど高くない第2象限に位置づけられる。中心となる政策手段は，公的ECECサービスである。

　これに対して，タイプⅡの「断続就労・（選択的）家族ケア型」は，公的サービスの比重が高いことに加えて，働き方の弾力性も高い第1象限に位置づけられる。ここでいう「働き方の弾力性」とは，育児期には生活の比重を労働市場から家庭に移し，ある時期を過ぎればまた戻すという意味で，比較的大きな時間軸で捉えた弾力性である。この型では，労働市場から離れている期間の所得補償（現金給付）に加え，これが「主体的選択」（選択肢がこれしかないのではなく，複数の選択肢から個人が主体的に選ぶ）となるための公的ECECサービスの保障が重要な政策手段となる。

　そしてタイプⅢの「柔軟就労・共同ケア型」は，公的サービスの比重は他のタイプに比べて高くないが働き方の弾力性は高い第4象限に位置づけられる。ここでの「働き方の弾力性」はタイプⅡとは少し異なり，通常の勤務時間の短縮などを通じて育児に携わる時間を増やすという意味で，より小さな時間軸で捉えた弾力性である。この型では，柔軟な働き方を可能にする労働政策と，個々の家庭の状況に応じて自由に選択できる公私ミックスのECECサービスが中心的な政策手段となる。

　さらに，これら3つの政策理念型とジェンダー秩序との関係性についても

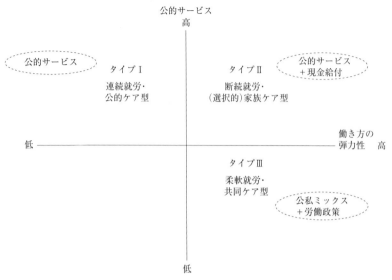

図3-2　3つの政策理念型の位置づけ

出所：筆者作成。

明確にしておきたい。そこで，前章で検討した「両性稼得者モデル」と「ケア提供者等価モデル」をいまいちど参照し，これらとの対比から3つの異なるタイプを位置づけてみよう。

　図3-3のとおり，3つの異なるタイプはすべて「稼得とケアの調和モデル」を具現化しうる政策パッケージの理念型である。しかし，タイプによっては図の左側の「両性稼得者モデル」や，右側の「ケア提供者等価モデル」に近い性質をもつ。

　たとえば，「タイプⅠ：連続就労・公的ケア型」は，「脱家族主義化」（ケアサービスの充実）を通じて男女ともに稼得者としての役割を推進する「両性稼得者モデル」に近い位置づけである。ただし，「連続就労・公的ケア型」ではサービスの充実だけでなく，（主に育児休業制度を通じて）父親と母親の両方に子どもを「ケアする権利」も保障する。この点において，（とりわけ父親の）ケア役割の重要性を看過する傾向にある「両性稼得者モデル」とは異な

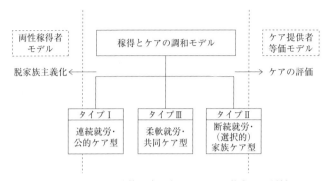

図3-3 3つの政策理念型とジェンダー秩序の関係性
出所：筆者作成。

る。

　他方で「タイプⅡ：断続就労・（選択的）家族ケア型」は，「ケアの社会・経済的評価」（ケア労働に対する報酬）を通じて女性のケア労働を評価する「ケア提供者等価モデル」に近い位置づけである。ただし「断続就労・（選択的）家族ケア型」は，母親の稼得役割を支援すると同時に，家族ケアのために労働市場からの一時退出と復帰というライフパターンの選択が，母親に限らず父親にも開かれている。この点において，父親＝稼得役割／母親＝ケア役割を固定化する「ケア提供者等価モデル」とは異なる。

　そして「タイプⅢ：柔軟就労・共同ケア型」は，男女ともに働き方の柔軟性を高めることを通じて家庭内のケア役割を共有するため，「両性稼得者モデル」「ケア提供者等価モデル」のいずれとも異なる。よって，この型は独自の性質をもつものとして図の真ん中に位置づけられよう。

（3）3つの異なるタイプを提示する意義

　さて，ここまで「稼得とケアの調和モデル」を具現化しうる政策パッケージとして，3つの異なるタイプの存在を主張してきた。しかし，3つの政策パッケージが理念型どおりに機能し，現実においても実質的な「稼得とケア

の調和」が達成されるためには，乗り越えなくてはならない点もいくつかある。ここでは，3つの政策理念型のなかで論じたいくつかの政策項目について，既存研究で言及されている懸念点に触れながら，それらを克服するために重要となる制度・しくみについて，さらにこうした点を考慮してもなお3つのタイプを提唱することの意義を考えてみたい。

　予想される批判の1つ目は，「タイプⅡ：断続就労・（選択的）家族ケア型」において重要となる，比較的長い育休制度をとおして親による在宅育児を支援することについてである。これに対して既存研究では，制度の利用が女性に偏り，その結果女性の人的資本を減価させ，経済的自立やキャリア形成を妨げるという懸念が指摘されている（Mahon 2002；Morgan and Zippel 2003）。「稼得とケアの調和モデル」に関する政策パッケージの青写真を提示したゴーニックとメイヤーズもこうした懸念を考慮してか，この選択肢を青写真のなかには組み込んでいない（Gornick and Meyers 2008）。また同じような懸念は，パートタイム労働の促進に関しても示されている（Bergmann 2008；Morgan 2008）。

　予想される批判の2つ目は，「タイプⅢ：柔軟就労・共同ケア型」の特徴である市場によるECECサービス供給に関する懸念である。これについてもゴーニックとメイヤーズは，公的サービスは親の経済的負担を軽減し所得水準の異なる家庭の支出を平等にすると述べ，民間サービスは青写真には組み込んでいない（Gornick and Meyers 2008）。また，費用だけでなく，サービスの質の担保に関する懸念もある（Lloyd and Penn 2010）。

　しかしながら，以上のような文献の多くは懸念点について指摘するものの，その域を出ていない。つまり，具体的にどうすればこうした懸念を克服しうるかという視点を携えて上記のような懸念点について論じているものはほとんどない。そこで，以下では3つの政策理念型に関する潜在的な弱点ともとれるこうした点をいかにして乗り越えるのか，言い換えれば，それぞれの理念型がよりよく機能し，現実においても「稼得とケアの調和」が達成される

ための諸条件をいくつか挙げてみたい。

　１つ目，親による在宅育児やパートタイム労働は，女性の経済的自立やキャリア形成を妨げるか。たしかにそのような可能性がないとはいえない。しかし，次のような制度の整備や実践によって，その可能性を相当低いものにすることはできるだろう。まず，最低限必要なことは，断続的あるいは柔軟な働き方に付随するあらゆる不利を取り除くことである。具体的には，「賃金や昇進の機会などに関する平等待遇を保障」すること，「年金などの社会保障制度に包摂」することである。

　次に，一定のキャリアブレイク期間を経た職場復帰に関しては，以前と同じ（もしくは同等）のポストへの復帰が保証されるのはもちろんのこと，必要に応じて復職に向けての訓練プログラムを利用できるなど，制度と実践の両面からのサポートを充実させることが大切だろう。つまり，どのような働き方を選択しても賃金や処遇，社会保障の面で不利にならないしくみと環境を整備することが重要となる。

　さらに，男性による制度の利用が少ないからといって制度自体が悪いものであるとはたしていえるだろうか。必ずしもそうとはいえないだろう（もしそうだと言われれば，日本の父親に対する育児休業制度はすぐさま廃止されなければならないことになる）。第一段階としては男性にもこうした選択肢が開かれること自体が重要なことである。そのうえで，どうすれば女性だけでなく男性も制度を利用しやすくなるかを考えることも必要だろう（Bruning and Plantenga 1999）。

　その意味では，男性の育休取得を推進するような制度的しくみを導入することは検討に値する。たとえば，北欧諸国の育休にみられるような「父親のみが取得できる期間」を設ける，あるいは父親と母親のより均衡的な利用に対して経済的なインセンティブを導入する，といった手段である。ほかにもオランダやイギリスのように，「柔軟な働き方」制度の対象者を育児責任のある親に限定せず，すべての人が選択できるように制度および職場環境を整

えることも，男性の選択を後押しするためには重要だろう。

そして2つ目，市場によるECECサービス供給は「稼得とケアの調和モデル」の実現を妨げるか。たしかに何の規制もない市場サービスの場合には，親にかかる経済的負担が重くなる，あるいはサービスの質が低下するといったリスクが考えられる。しかし，利用料やサービスの水準に関して一定の規制を設ける「準市場」サービスとして機能すれば，前述のような懸念点にある程度は対応することが可能である。それに加えて，低所得家庭に対してはより手厚い経済的援助が受けられるような追加的措置を設けることも重要であろう（オランダやイギリスでもそのような方法が採用されている）。

以上のとおり，本章で理念型として提起した政策パッケージがうまく機能するには，いくつかの制度・実践面での工夫が必要であることは確かである。しかしながら，このような潜在的な懸念点を考慮してもなお，既存の1タイプの政策パッケージだけに固執せずに，3つの異なるタイプを提唱することには，大きく2点の意義がある。

第1に，「断続就労・（選択的）家族ケア型」「柔軟就労・共同ケア型」という2つ目，3つ目のタイプは，「稼得とケアの調和モデル」の概念において核となる考え方を体現するものだからである。前章で述べたとおり，「稼得とケアの調和モデル」概念の中心には「現在の女性のライフパターンを皆にとっての規範にする」という考え方がある。

このことを踏まえると，断続就労や柔軟就労などこれまで「女性の働き方」とみなされつづけてきた就業形態を「周縁的な就労」に押し込めずに，有償労働のれっきとした1つのあり方としてモデルに明示的に組み込むこと自体に，革新的な意義があると考える。そうすることで，これまで「ケア責任のない労働者」を前提として構築されてきた，就業をめぐるあらゆる制度や文化を脱中心化していくための理論的支柱となることも期待される。

第2に，3つの異なるタイプは，ケア役割が支援される方法には，社会の多様なアクターによる多様な手段があることを明示するからである。前章で

検討したとおり，ケアは人間の基本的ニードであり，誰しもがケアを与えたり受け取ったりすることが当たり前の社会という前提に立つとすれば，国家のみならず社会の複数のアクターでこの責任を「共同分担」する方法を探索することも理にかなっていると思われる。これには，国家のほかにも親や（準）市場，地域，雇用主，NPO組織など，さまざまなアクターが含まれうる。このようなケアの支援方法は，財源などの問題から公的ECECサービスの急速な拡充がむずかしい国にとっても，現実的な選択肢となりうると考える。

6　多様な政策的アプローチ

　本章では，「稼得とケアの調和モデル」を具現化しうる政策パッケージに関する多様な選択肢を探索することを目的に，欧州6か国における制度・政策体系の内容を検討した。具体的には，スウェーデン，フィンランド，ドイツ，フランス，オランダ，イギリスを対象に，(1)税制・社会保障制度，(2)ECECサービス，(3)家庭内・外ケアに対する現金給付，(4)育児休業制度，(5)労働政策の5つの政策項目を比較・分析した。

　結果として，「稼得とケアの調和モデル」の政策的アプローチには少なくとも3つの選択肢が存在することが明らかになった。本章ではこれを「3つの政策理念型」として新たに提唱した。すなわち，「タイプⅠ：連続就労・公的ケア型」「タイプⅡ：断続就労・（選択的）家族ケア型」「タイプⅢ：柔軟就労・共同ケア型」である。

　これにもとづいた各国の位置づけは，タイプⅠにスウェーデン（典型国），タイプⅡにフィンランド（典型国），ドイツ，フランス，そしてタイプⅢにオランダ（典型国），イギリスが類型された。

　ただし，この「3つの政策理念型」はあくまで制度・政策のあり方から析出された「政策モデル」の理念型であり，現実に各国において遂行されてい

る男女の稼得・ケア役割がこれと完全に一致するとは限らない。

　前章でも述べたとおり，稼得・ケア役割の実態は，政策だけでなく社会文化的規範や経済の構造・状況などにも影響される。そのため，現実の世界ではこれらの政策理念型が想定するほど性別役割分業の変化は進んでいないということも考えられる。そこで次章では，各国における現実の「稼得とケアの調和」の現状をみてみることにしよう。

注

(1)　理念型とはマックス・ウェーバーによって生み出された社会科学方法論の概念の1つで，ある現象について現実をありのままに再現するのではなく，現実には分散的に存在している諸特徴をとりだし，それ自身矛盾のないように構成したもの（『広辞苑（第六版）』）。実在の現象と比較するための分析装置として有効である。

(2)　したがって本章における政策パッケージの国際比較分析は，ただ単に各国を類型化することを目的としているのではない。それよりもむしろ，類型化を通じて「稼得とケアの調和モデル」に関して異なる政策手段の選択肢のパターンを析出すること，また多国間比較や時系列比較などを含む当該領域の研究のさらなる発展の基盤となりうる理論枠組みを提示することにある。

(3)　社会保障制度のなかでも遺族年金と公的扶助については，一般的に世帯単位を基本とするものであるため，今回の分析対象には含めない。

(4)　ここでは家庭内・外で提供される子どものケアを対象として給付される金銭援助に限定する。よって，親の稼得・ケア役割の推進というよりも「子どものいるすべての家庭に対し子育てに必要な支出の一部を補てんする」（北 2010：114）ことが主な目的である児童手当については分析対象には含めない。

(5)　このような政策項目の選定においては，おおむね先行研究を参照している。たとえば，②サービスは，セインズベリ，ゴーニックとメイヤーズの両方の研究に組み込まれている。一方で①税制・社会保障制度は，セインズベリの研究には組み込まれているが，ゴーニックとメイヤーズの研究には組み込まれていない。しかし，主に女性の稼得役割を促進する重要な制度であると考えられるため，本書では分析の枠組みに含める。③時間（特に労働政策）については反対に，セインズベリの研究には組み込まれておらず，ゴーニックとメイヤーズの研究には組み込まれている。これも，両親のケア役割を促進する重要な制度

であると考えられるため，分析の枠組みに含める。最後に，④金銭援助に関してはセインズベリ，ゴーニックとメイヤーズのいずれの研究にも組み込まれていない。しかしながら，子育て支援政策においては現金給付も非常に重要な政策手段である（Kamerman and Kahn 1994）。よって，本書ではこれも分析の枠組みに含める。後にみるが，分析結果からは，現金給付のあり方が各国の政策パッケージの質的差異を構成する1つの鍵であることが明らかになる。このことからも，やはり金銭援助は政策パッケージの比較分析において不可欠な政策項目であるといえよう。

(6) ECECサービスには，親の就業促進以外にも子どもの発達・学習能力・社会性などの向上，子育て・家庭支援などの側面があるが（OECD 2006），ここでは「稼得役割」の推進の側面に焦点を絞る。

(7) 育児休業における所得補償は「金銭援助」でなく「時間」政策に含める。また本書において育児休業は，表3−1のとおり「母親休業」「父親休業」「育児休業」「在宅育児休業」の4つの制度を含む。各制度の定義としては，「母親休業」は母親だけに付与される休業であり，一般的に母子の保健のため出産直前から直後にかけて取得される。「父親休業」は父親（ないし異性・同性パートナー）だけに付与される休業であり，父親が妊婦（母親），新生児，きょうだいと一緒の時間を過ごすため子どもの出生直後に取得される。「育児休業」は母親と父親の両方に付与される休業であり，母親休業の直後から取得されることが多い。「育児休業」は，①互いに譲渡不可な個人の権利，②譲渡可能な個人の権利，③両親間で自由に分けられる家族の権利，の大きく3タイプに分けられる。国によっては同じ制度内に①〜③の複数の要素が並存することもある。いくつかの国では育児休業の直後からさらに，「在宅育児休業」が取得できる（ただし所得補償などの条件は異なる）。そのほかにも，欧州諸国では子どもが病気になったときなどに取得できる病児休暇なども整備していることが一般的だが（Koslowski et al. 2016），これについては今回の分析には含めない。

(8) 全日サービスの保障は，親が就業／就学している，あるいは職業訓練を受けている場合に限る。「ソーシャルペダゴジー」とは「教育学（ペダゴジー）」を広く捉えた概念である。ケア・養育・学習を相互に上下のヒエラルキーをつけずに結びつけ，よりホリスティックなアプローチからともに生きることを学ぶこと，子どもの今の発達課題や興味を支えることに大きな力点がおかれる（OECD 2006=2011：69-70）。

(9) 2016年1月から「パパ月・ママ月」は各90日間に拡張された（Duvander et

al. 2016：341)。

⑽　全日サービスの保障は2016年8月からスウェーデンと同様，親がフルタイム
で就業／就学している場合に限定された。この要件を満たさない場合は，週20
時間のサービスが保障される（Salmi et al. 2016：127)。

⑾　また育児休業はパートタイムでも取得可能だが，その場合は「両親ともに」
そうすることが定められている（Salmi and Lammi-Taskula 2015：124)。

⑿　国の認可を受けた民間ないし個人のベビーシッターも含む。

⒀　子どもが3歳までの期間は「フレキシブル育児手当（Flexible care allow-
ance)」，小学校1・2年生時は「部分的在宅育児手当（Partial home care al-
lowance)」が支給される。給付額は，前者が後者の約2〜2.5倍である。

⒁　違憲判決の根拠としては，「当該制度は連邦ではなく各州の管轄であるべき」
との見解が示された点にある。今回憲法裁に提訴したハンブルク州では廃止，
バイエルン州やザクセン州では継続の意向が示されている（Blum et al. 2016：
148)。

⒂　地域によっては2歳から利用可能。

⒃　子どもが2人以上の場合。子どもが1人の場合の受給期間は最長1年間（各
親6か月)。

⒄　2005年チャイルドケア法。当初，雇用主による補助は任意だったが，2007年
以降義務づけられた（Yerkes 2014)。

⒅　ただし，低所得世帯に関しては費用の大部分を政府が援助する。また，政府
補助の対象となる範囲について利用料の上限も定められている。

⒆　2009年から2014年まで1時間につき法定最低賃金の半額に相当する税控除が
あったが，2015年に廃止された（den Dulk 2016：242)。

⒇　勤務時間を50％短縮した場合，前出の例では1年間の育児休業となる。ただ
し，雇用主との協議によりフルタイムでの取得も可能（den Dulk 2015：232)。

㉑　2016年1月からは「労働時間調整法」を改正した「フレキシブル・ワーク法」
により，労働時間だけでなく就業場所についても変更を申請する権利が保障さ
れた（den Dulk 2016：244)。これによりオランダの「柔軟な働き方」制度は，
イギリスにおけるそれとより共通点の多いものとなった。

㉒　ただし低所得世帯を対象とする給付つき税額控除には，配偶者控除の要素を
もつものが残る（鎌倉 2009)。

㉓　2006年チャイルドケア法によって3歳未満の子どもに関しても，親が就業／
就学している，あるいは職業訓練を受けている場合に保育サービスが利用でき

るよう，地域で十分な供給量を確保することを各自治体に義務づけた。さらに
2008年以降，就学前教育の利用資格を経済的困窮度の高い地域から段階的に2
歳児まで拡大していった（Gheera et al. 2014）。

⑭　ただし貧困地域を中心に，0歳から就学前の子どもを受け入れる公的ECEC
サービス（チルドレンズ・センター）もあり，多様な供給が混在している
（Stewart 2013）。

⑮　2015年，母親のみに割り当てられていた期間が20週間から2週間に短縮され
た（O'Brien and Koslowski 2016：360）.

⑯　2003年に6歳未満の子ども（ないし18歳未満の障害児）をもつ親を対象には
じめて導入され，2007年にはすべての介護・看護者，2009年には17歳未満の子
どもをもつ親，そして2014年にすべての労働者にまで漸進的に拡充されてきた
（ただし申請日までに26週以上連続して働いていることが要件）。なお，柔軟な
働き方には時短勤務のほかにも，勤務時間帯の変更，在宅勤務，フレックス・
タイム，年間労働時間契約制，圧縮労働時間制，ジョブ・シェアリング，シフ
ト労働，時差出勤・終業，学期間労働（子どもの学校の休暇中は無給休暇を取
ることができる），期間限定労働時間短縮などが含まれる（legislation.gov.uk,
2017.6.2）。

⑰　国レベルでは，低所得世帯，ひとり親世帯を対象とした保育料軽減措置など
があるのみ（首相官邸HP「保育対策関係予算（平成29年度予算等）」）。一部の
自治体では，独自の制度によって保育所・幼稚園利用にかかわる経済的負担を
補助する動きが出てきている（『日本経済新聞』2016年9月5日電子版）。

⑱　2017年10月から待機児童などで保育園への入所希望が叶わない場合，育児休
業を2年まで延長できる（それまでは1年半まで）改正法が成立した（『朝日新
聞』2017年3月31日電子版）。

⑲　子どもの出生後8週間以内に育児休業の一部として取得することは可能。

⑳　3歳〜就学前の子どもをもつ親に対しては企業の努力義務となっている。

㉑　ここで「少なくとも」と述べたのは，各政策項目を独立したものと捉えて1
つ1つそれぞれの組み合わせを検討すれば，理論的には3つ以上の政策パッ
ケージが考えられる可能性もあるためである。しかし筆者は次の2点の理由か
ら，この3つの政策パッケージを提唱することが妥当だと考える。第1に，序
章でも述べたとおり「理想主義的現実主義」の立脚点に立つためである。その
ため，「理論的に可能」な政策パッケージよりも，現に欧州においてすでに構築
されつつあるものに焦点を絞る。第2に，理念型のパターンがあまりに多いと，

国際比較の枠組みとしては煩雑になりすぎるためである。したがって，政策の「実現可能性」を重視しつつ，枠組みとしてのシンプルさを維持するためには，3つの政策理念型として提唱することが妥当だと考える。ただし，この3つを雛形として今後これ以外のタイプの可能性などが活発に議論されるとすれば，それは筆者も歓迎する。

(32)　「（選択的）家族ケア」の名称は，Leitner（2003）の「選択的家族主義」を参考にした。

(33)　ただしドイツとフランスでは，税制・社会保障制度については世帯単位のものがあり，この点においてフィンランドとは異なる。またドイツについては，「在宅育児手当」の廃止など最近の政策動向を考慮すれば，今後はスウェーデンのような「タイプⅠ：連続就労・公的ケア型」に近づいていく可能性もあると思われる。フランスについては，ECECサービスの利用資格がフィンランドのように1歳からの教育・保育統合システムではなく，3歳からの教育システムへの包摂である点は大きな違いである（この点については「タイプⅢ：柔軟就労・共同ケア型」に類似するとも捉えられる）。

(34)　この点において，非典型雇用に対する差別的待遇の禁止が法制化されていることが重要である。EUではパートタイム労働指令（1997年），有期雇用指令（1999年），労働者派遣指令（2008年）などをもって対応している（Burri and Aune 2013）。

(35)　ちなみに，「タイプⅡ：断続就労・（選択的）家族ケア型」の典型国であるフィンランドでは，「在宅育児手当」は「ケア労働への報酬」という位置づけではなく，「公的ECECサービスを利用しない」という選択を中立的なものにするための手段として理解されている（Salmi 2006）。

第4章

欧州6か国と日本における
「稼得とケアの調和」の現状

1 本章の目的

前章では主に欧州6か国における政策パッケージの比較分析から，「稼得とケアの調和モデル」を具現化しうる政策パッケージとして，3つの政策理念型の存在を明らかにした。すなわち，「タイプⅠ：連続就労・公的ケア型」「タイプⅡ：断続就労・（選択的）家族ケア型」「タイプⅢ：柔軟就労・共同ケア型」である。

ただし，これらの「型」は，制度・政策のあり方を示すテキストデータにもとづき析出された「政策モデル」の理念型であり，現実に男女がどのように稼得役割・ケア役割を遂行しているかの「実態」を示すものではない。そこで本章では，視点をいったん「政策」から「実態」に移し，現実に欧州6か国がどれほど「稼得とケアの調和」に近づいているのかを統計データから検証する。また，可能な限り日本の現状についても触れる。

その結果，明らかになるのは次の4点である。すなわち，(1)各国の母親就業の実態は，上記の3つの政策理念型におおむね合致していること，(2)育児期における母親の就業調整は女性の稼得力に影響する可能性があること，(3)実質的な「稼得とケアの調和」には欧州諸国もまだ到達していないこと，(4)欧州諸国と比べて日本は実態においても「稼得とケアの調和」からまだまだ遠いことである。

2 分析枠組み

　「稼得とケアの調和」の現状を捉えるには，これを測るための枠組みが必要となる。だが先行研究においては，「稼得とケアの調和モデル」の主な論者であるSainsbury（1999），Gornick and Meyers（2008）でさえも，現実におけるこのモデルの達成度合を評価するための枠組みを示していない。そのため，本章では独自に枠組みを設定し，それにもとづき欧州6か国と日本の現状をみていくこととする。

　本章では図4－1のとおり，「稼得役割」と「ケア役割」に分けて指標項目を選定する。その際，既存の性別役割分業を乗り越えるというこのモデルの目的に照らし，「稼得役割」に関しては主に母親の現状を，「ケア役割」に関しては主に父親の現状をみる。

　まず，母親の稼得役割に関する指標項目は，(1)母親の就業（①雇用率，②末子年齢別の雇用率，③パートタイム雇用率），(2)ECECサービスの利用（①利用率，②利用時間），(3)稼得力（①賃金，②キャリアの展望）という3点である。ECECサービス利用状況は母親の就業状況に影響し，さらに母親の就業状況は稼得力に影響することが予想される。

　次に，父親のケア役割に関する指標項目は，(1)父親・育児休業の取得（①父親休業取得率，②育休手当受給者に占める父親の割合），(2)日常の無償労働時間（①時間，②無償労働時間全体に占める父親の割合）という2点である。

　最後に，親の意識・選好に関する指標として，「就学前の子どもがいる家庭にとって望ましい仕事と家庭のあり方」をみる。これは厳密には「稼得とケアの調和」の実態をあらわすものではないが，父親，母親双方の稼得・ケア役割に影響すると思われる。

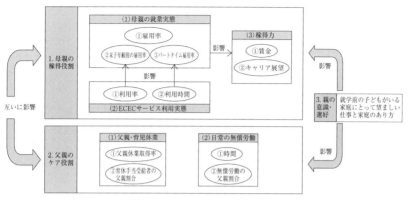

図 4 - 1　本章の分析枠組み

出所：筆者作成。

3　稼得役割

（1）母親の就業

①　母親雇用率

　図 4 - 2 のとおり，14歳以下の子どもをもつ母親の雇用率をみると，欧州 6 か国のうちもっとも高いのはスウェーデンで80％を上回る（83.1％）。一方で70％に満たないのは，ドイツ（69.0％）とイギリス（66.6％）である。日本は65.7％で，欧州 6 か国よりも低い。

　さらに，母親雇用率を基幹年齢層（25〜54歳）の女性全体の雇用率と比べると，その差はスウェーデンでは−0.4ポイント（以下，「pt」とする）であり，母親雇用率が女性全体の雇用率よりも高い。オランダ，フィンランド，フランスでは，基幹年齢層の女性全体の雇用率の方が高いが，その差はいずれも 5 pt未満とわずかである。一方で，ドイツとイギリスではこの差が約10ptあり，ほかの 4 か国よりも若干大きい。日本は6.1ptで，この中間である。

　以上から，特にスウェーデン，オランダ，フィンランド，フランスにおいては，14歳以下の子どもをもつことが母親の就業にほとんど影響を及ぼして

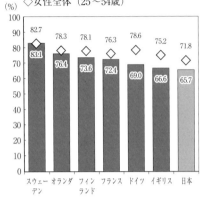

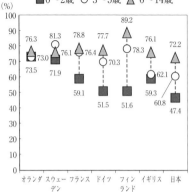

図4-2 14歳以下の子どもをもつ母親の雇用率（2013年）

注：女性全体の雇用率には母親も含む。スウェーデンの母親年齢は15～74歳，子どもの年齢は0～17歳。フィンランドは2012年のデータ。日本は2014年のデータ，子どもの年齢は0～17歳。
出所：OECD Family Database。日本は厚生労働省「平成26年国民生活基礎調査」，女性全体（25～54歳）雇用率はOECD Employment Database。

図4-3 末子の年齢階級別にみた母親の雇用率（2014年）

注：母親の年齢は15～64歳（日本のみ全年齢）。スウェーデンは2007年のデータ。フィンランドは2012年のデータ。ドイツは2013年のデータ。
出所：OECD Family Database。

いないことがわかる。

② 末子年齢別の母親雇用率

　子どもの年齢をより細かく分けてみると，各国の特徴がより鮮明に浮かび上がる。図4-3のとおり，オランダでは末子の年齢が0～14歳のいくつであっても，母親の雇用率は約75％とほとんど変わらない。スウェーデンでは末子の年齢が3～5歳の母親雇用率がもっとも高いが（81.3％），オランダと同様，子どもの年齢による母親の雇用率に大きな差はみられない。

　一方，フィンランドでは0～2歳と6～14歳の母親の雇用率に37.6ptの差があり，欧州6か国のうち最大である。特に，3歳未満の子どもをもつ母親の雇用率が低く（51.6％），2人に1人が非就業である。ドイツと日本にもこ

れに類似したパターンがみら
れる。ただし，日本の母親雇
用率は子どもが 3 歳以上に
なってもドイツやフィンラン
ドほど上昇しない。

　フランスとイギリスは，3
歳未満の子どもをもつ母親の
雇用率が比較的低く（約60%），
6 歳以上になると約80%まで
上がる点において共通してい
る。ただし，フランスでは子
どもが 3 歳以上になると母親
雇用率が著しく上がるが

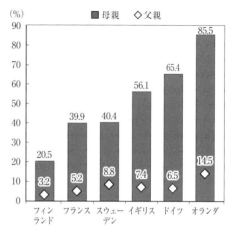

図 4 - 4　6 歳未満の子どもをもつ親のパート
タイム雇用率（2013年）

注：日本はデータなし。
出所：Eurostat Database.

（76.4%），イギリスではほとんど上がらない（62.1%）という違いがみられる。

③　パートタイム雇用率

　さらに，労働時間からみると各国にはさらなる特徴がみられる。図 4 - 4
のとおり，6 歳未満の子どもをもつ母親のパートタイム雇用率がもっとも高
いのはオランダで，85.5%にのぼる。しかもこの数字は，末子の年齢が12歳
以上になってからもほぼ横ばいである（図は割愛）。次に高いのはドイツ
（65.4%），イギリス（56.1%）である。反対に，母親のパートタイム雇用率が
もっとも低いのはフィンランドで（20.5%），フランスとスウェーデンはその
中間にあたる（約40%）。また，欧州 6 か国すべてに共通して，母親のパート
タイム雇用率が父親に比べてはるかに高い。[2]このことから，6 歳未満の子ど
もをもつ親においては，すべての国において働き方を調整しているのは主に
母親であることがわかる。

（2）ECECサービスの利用

①　ECECサービスの利用率

　図4−5のとおり，0〜2歳児のECECサービス利用率が比較的低い3か国は，フィンランド（27.9％），ドイツ（32.3％），イギリス（33.6％）であり，これらは3歳未満の子どもをもつ母親の雇用率が低い国々である（図4−3参照）。日本もこの3か国と同水準である（30.6％）。

　一方，その対極にあるのはオランダで，0〜2歳児の利用率は6割近くにのぼる。先にみたように，オランダでは末子の年齢を問わず母親雇用率が一貫して高く（図4−3参照），ECECサービス利用率の高さがこれを裏づけている。またフランス，スウェーデンでも約半数の0〜2歳児がECECサービスを利用している。

　次に3〜5歳児では，フランスの利用率が100％である。日本を含むそのほかの国においても，90％を超えている。唯一70％台のフィンランドでは，「在宅育児手当」を受けながら3歳未満の子どもを自宅で育児することが可能である。その際，3歳以上のきょうだいも一緒に自宅で過ごす場合，きょうだい1人につき加算手当が支給される。この制度の影響により，3歳未満のきょうだいがいる3〜5歳児のサービス利用率が低くなっているものと考えられる。

②　ECECサービスの利用時間

　ECECサービスの利用時間からは，各国の母親就業に関するさらに興味深い傾向がみえてくる。図4−6のとおり，0〜2歳児の利用時間がもっとも長いのはフランスで（33.2時間），その次にフィンランド（32.7時間），スウェーデン（29.2時間），ドイツ（28.4時間）とつづく。この4か国では，フルタイム就業のベンチマークである週30時間程度，ECECサービスが利用されている。

　これに対して，オランダ（17.2時間）とイギリス（16.2時間）では，利用時間はほかの4か国に比べてかなり短く，約半分となっている。オランダとイ

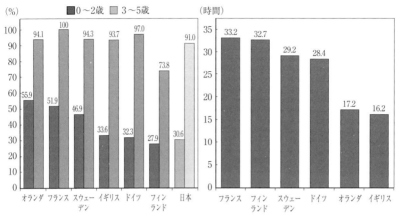

図4-5　0～2歳児，3～5歳児の
ECECサービス利用率（2014年）

注：公的および民間の保育施設，プリス
　　クール，認可チャイルドマインダーによ
　　るサービスを含む。日本は施設型サービ
　　スに限る（認可・無認可含む）。
出所：OECD Family Database.

図4-6　0～2歳児のECECサービス
週平均利用時間（2014年）

注：ドイツは2012年のデータ。日本はデー
　　タなし。
出所：OECD Family Database.

ギリスは，6歳未満の子どもをもつ母親のパートタイム雇用率が比較的高い
国でもある（図4-4参照）。このことから，ECECサービスの利用時間と母
親のパートタイム就業との関連性が示唆される。

③　母親の就業の現状

　ここまでみてきた母親就業の実態を，前章で提唱した「稼得とケアの調和
モデル」の3つの政策理念型に照らして整理してみると（表4-1参照），各
国における母親の働き方の特徴は3つの政策理念型とおおむね重なっている
ことがわかる。

　図4-7に示したとおり，まず「タイプⅠ：連続就労・公的ケア型」の典
型国であるスウェーデンは，3歳未満の子どもをもつ母親の雇用率が高い。
3歳未満のECECサービス利用率も比較的高く，フルタイムでの利用が一般
的である。このことから，スウェーデンではECECサービスの利用によって，

表4-1 3つの政策理念型の概要

政策理念型	特徴
タイプⅠ 連続就労・公的ケア型 （典型国：スウェーデン）	主に公的ECECサービスの充実により，育児期を通じた親のフルタイム就業を志向する。子どもが1歳になるまでは十分な所得補償を伴う育児休業制度によって親の「ケアする権利」を保障する。他方で，民間ECEC，親の在宅育児に対する経済的支援はない。
タイプⅡ 断続就労・（選択的）家族ケア型 （典型国：フィンランド）	親が育児のために，タイプⅠよりも長い期間（子が3歳になるまで）労働市場から離れ，その後フルタイム就業に復帰することを志向する。比較的長い育児休業と親の在宅育児に対する現金給付が特徴である。またタイプⅠと同様に，育休終了時（ないし終了前）から公的ECECサービスの利用資格も保障することで，親は家族ケアを「主体的に選択」することが可能になる。
タイプⅢ 柔軟就労・共同ケア型 （典型国：オランダ）	通常の労働時間や勤務場所などの柔軟性を高めて育児期を通じた親のパートタイム就業（ないし柔軟な働き方）を志向する。ECECサービスの財源・供給は，国家に限らず市場や雇用主など多様なアクターで共同分担し，親の働き方に合わせてサービスを柔軟に組み合わせる。

出所：筆者作成。

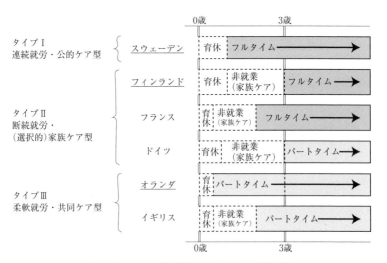

図4-7 3つの政策理念型と母親の就業実態

注：下線は各理念型における典型国。
出所：筆者作成。

92

育児期を通じてフルタイムで働く母親が多いといえる。[(3)]

　次に「タイプⅡ：断続就労・（選択的）家族ケア型」の典型国とされるフィンランドは，3歳未満の子どもをもつ母親の雇用率が低く，3歳以上になると著しく上昇する。また3歳未満のECECサービス利用率も低い。その一方で，ECECサービスはフルタイムで利用することが一般的で，6歳未満の子どもをもつ母親のフルタイム雇用率は，欧州6か国でもっとも高い。このことから，フィンランドでは，子どもが3歳になるまでは主に母親が自宅で育児し，3歳以上になればフルタイム就業に戻るという，まさに断続的な働き方が広く受け入れられていると考えられる。[(4)]

　また，前章における政策パッケージの分析では，フランスとドイツもこのタイプに類型された。だが実態としてフランスでは，3歳未満の母親の雇用率がフィンランドほど低くなく，ECECサービスの利用率も高いうえ，利用時間も長い。このことから，フィンランドに比べて，より早めに復職する母親が多いことが推察される。フランスではフィンランドと同様，子どもが3歳になるまで育児休業を取得できる。しかし十分な所得補償を得られる期間は，フィンランドよりも相当に短いため（フランスでは3か月，フィンランドでは11か月），これが母親の就業実態の違いに影響しているのではないかと推測される。[(5)]

　ドイツには，3歳未満の母親の雇用率が低く，ECECサービス利用率も低いというフィンランドと類似する特徴がみられる。ただし，6歳未満の子どもをもつ母親に関してはパートタイムでの就業が，フィンランドよりもはるかに顕著である。このことから，子どもが3歳以上になればフルタイムではなくパートタイムで就業する母親が多いと考えられる。

　そして，「タイプⅢ：柔軟就労・共同ケア型」の典型国とされるオランダでは，子どもの年齢を問わず，母親雇用率もECECサービス利用率も高い。しかし，ECECサービスの利用時間はパートタイムが一般的であり，6歳未満の子どもをもつ母親のほとんどがパートタイムで働いている。このことか

ら，オランダでは育児期を通じてパートタイムで働きながら，柔軟にECECサービスと組み合わせる方法が普及しているといえる。

　最後に，オランダと同じくこのタイプに類型されたイギリスでは，3歳未満の子どもをもつ母親の雇用率とECECサービス利用率がそれほど高くない。その一方で，サービスの利用時間と6歳未満の子どもをもつ母親の働き方をみると，パートタイムが一般的である。よってイギリスでは，主に母親が（オランダよりも）やや長い期間子どもを自宅で育児したのち，[6] パートタイムで復職するケースが多いと考えられる。この違いには，イギリスの母親休業が52週間と比較的長いうえ（はじめの6週間以外は定額給付ないし無償ではあるが），オランダのようにパートタイムでの取得はできないことが影響していると推察される。

　欧州6か国に対して日本は，3歳未満の子どもをもつ母親の雇用率とECECサービス利用率が低い。子どもが3歳以上になるとECECサービス利用率は9割に達し，母親雇用率も6割まで上がる。ただしこの6割という数字はイギリスと並んで欧州ではもっとも低く，子どもが6歳以上になって母親雇用率は7割まで上がる。これは日本では，子どもが3歳になるまでは母親が自宅で育てるという「3歳児神話」がまだ根強いこと，また子どもの小学校入学が母親の就業の1つの基準となっていることを示唆する。

（3）稼得力

　ではこのような各国における働き方の違いは，母親の「稼得力」に対してどのような影響を及ぼしうるだろうか。「賃金」と「キャリアの展望」という2つの側面から，この点を検討してみよう。[7]

① 賃金

　まず，図4－8の賃金のジェンダー格差をみると，比較的差が大きいのは20％を超えるドイツ（22.3％）とイギリス（20.9％）であり，反対にもっとも差が小さいのはスウェーデン（13.8％）である。フランス，オランダ，フィ

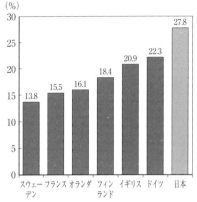

図4-8　賃金のジェンダー格差（2014年）

注：欧州は男性被用者に対する女性被用者の
　　平均時間当たり総賃金の割合（パートタイ
　　ム就業を含む）。全産業（第1次産業，公務
　　および国防・義務的社会保障事業を除く：
　　NACE Rev. 2 aggregate B to S, excluding
　　O）における従業員10人以上の企業。日本は
　　一般労働者（常用労働者のうち短時間労働
　　者以外の者）の月間所定内給与額から筆者
　　が算出。
出所：Structure of Earnings Survey（SES），
　　Eurostat. 日本は厚生労働省「平成26年
　　賃金構造基本統計調査」。

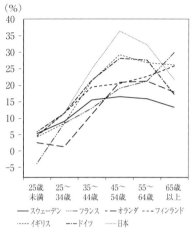

図4-9　年齢階級別にみた賃金のジェ
　　ンダー格差

注：日本は「25～34歳」は「25～29歳」
　　「30～34歳」の平均値から筆者が算出。
　　（「35～44歳」「45～54歳」「55～64歳」も
　　同様）。
出所：図4-8に同じ。

ンランドはその間である。一方，日本におけるジェンダー賃金格差は27.8%
と，欧州のどの国よりも大きい。

　次に，図4-9のとおり，賃金のジェンダー格差を年齢階級別にみると，
すべての国で25歳から中年にさしかかるにつれ格差が大きくなっている。そ
のなかで格差の広がりが比較的ゆるやかなのは，スウェーデン，フランス，
フィンランドである。特にスウェーデンでは，35歳を過ぎると格差はほとん
ど拡大せず，15%の水準で落ち着く。

　反対に，格差の広がり方がより著しいのはイギリス，ドイツ，オランダで
ある。イギリス，ドイツは，25歳未満で5%ほどであった格差が30%近くま

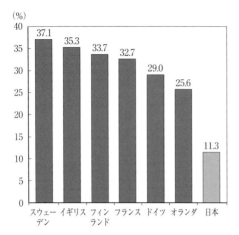

図4-10 管理職に占める女性の割合（2014年）
注：国際標準職業分類（ISCO-08）の第1区分（管理職）に分類される被用者のうち女性の割合。
出所：ILOSTAT Database.

で広がる。一方でオランダは，25〜34歳でほぼゼロに近い格差が45〜54歳では20％に広がる。

ジェンダー賃金格差の背景にはさまざまな要因が考えられるが[8]，おおむね母親のフルタイム就業が一般的な国において格差の拡大はよりゆるやかである傾向がみてとれる。このことから，育児期を通じた母親の（パートタイム労働などの）就業調整は，女性の稼得力にマイナスの影響を及ぼす可能性があることが示唆される[9]。

② キャリアの展望

次に，キャリアの展望をあらわす1つの指標として，管理職に占める女性の割合をみてみよう（図4-10参照）。欧州6か国でもっとも女性管理職の割合が高いのはスウェーデンで，約4割である。その次に高いのがイギリスで（35.3％），フィンランド（33.7％），フランス（32.7％）とつづく。反対にもっとも低いのはオランダで（25.6％），ドイツでも3割に満たない（29.0％）。日本はそれよりもさらに低く，約1割である。イギリスが2番目に高いことからもわかるように，女性管理職の現状においては各国の母親の（フルタイム，パートタイムなどの）働き方との関連性はそれほど明らかではない[10]。

さらに，キャリアの展望に関してもう1つ興味深い統計データがある。それは，母親自身が子育てのキャリアへの影響をどのように捉えているかを示す国際調査である。調査では，「子どもをもつことは親のどちらか一方の，あるいは両方の就業やキャリアチャンスを制限する」という質問に対して，

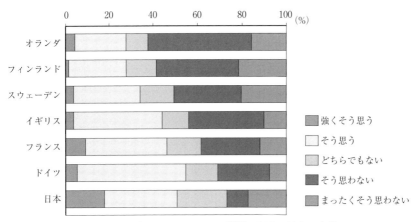

図4-11 子育てのキャリアへの影響に関する母親の意識

注：就学前の子どもをもつ被雇用の母親の回答を抜粋。
出所：International Social Survey Programme（ISSP）2012：Family and Changing Gender Role Ⅵ.

就学前の子どもをもつ女性被用者（働く母親）が「強くそう思う」から「まったくそう思わない」の5段階で回答している。⁽¹¹⁾

　図4-11のとおり，オランダでは「まったくそう思わない」または「そう思わない」と答えた母親の合計は6割以上にのぼり（62.3%），比較した欧州6か国のなかでもっとも多い。次に多いのがフィンランドであり（58.6%），スウェーデンとつづく（50.8%）。

　イギリスでは，「強くそう思う」および「そう思う」の合計と「まったくそう思わない」および「そう思わない」の合計がいずれも44.1%で，完全に二分している。そして，フランスとドイツではこれが逆転し，「そう思う」母親の割合の方が多くなっている。また日本でも「そう思う」母親が多く半数以上にのぼる。特に，「強くそう思う」と感じている母親が17.5%と，欧州諸国に比べて圧倒的に高い点も特徴的である。

　以上のとおり，キャリアの展望に関しては，各国における母親の就業実態との関係はそれほどクリアカットではない。

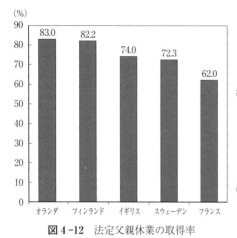

図4-12　法定父親休業の取得率

注：フィンランド，スウェーデンは法定
父親休業手当の受給者（当該年に生ま
れた子ども100人に対する割合）。オラ
ンダ，イギリス，フランスに関しては
当該国内で報告されたデータに依拠し
ているため比較には注意が必要。イギ
リスは2009/10年のデータ。フランス
は2012年のデータ。
出所：OECD Family Database, Moss
(2016) 12th International Review
of Leave Policies and Related
Research.

4　ケア役割

（1）父親のケア

①　父親休業の取得率

　法定父親休業を取得した父親の割合をみてみると，オランダとフィンラン
ドで8割を上回っており，欧州6か国でもっとも高い（図4−12参照）。次に
高いイギリス，[12]スウェーデンでも7割以上の父親が取得している。もっとも
低いのがフランスで約6割である。

　つまり，特に父親向けに設計された制度がある場合には，大部分の父親が
これを利用しているといえる。ただし，取得した休暇の「期間」については
各国で違いがある可能性がある。[13]たとえば，フィンランドでは父親向けの休
業が最大2か月であるのに対して，オランダでは2日間と，大きな差がある
ので注意が必要である。なお，ドイツと日本には父親休業にあたる制度はな
い。

②　育児休業取得における父親の割合

次に，図4-13のとおり，スウェーデンでは育休手当の全申請者中45％が父親であり，欧州6か国中もっとも高い。そのほかの国では，育休手当は大部分が母親によって申請されており，フランスでは父親の申請はわずか3.5％である。

ただし，これについては制度のあり方の違いも考慮に入れる必要がある。というのも，スウェーデンでは育児休業制度のなかに父親のみが取得できる期間（2か月間の「パパ

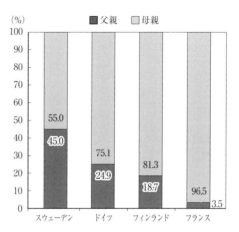

図4-13 法定育児休業の取得における父親と母親の割合（2013年）

注：法定育児休業手当の受給者（母親・父親休業は含まない）。フランスは制度変更前のCLCA受給者（2011年）。ドイツは当該年に生まれた子どもに対する手当の受給者。
出所：OECD Family Database.

月」）が組み込まれているが，フィンランドでは先にみた父親休業（2か月間）がこの役割を担っている。したがって，フィンランドの父親休業の取得率の高さを考えると（82.2％），実質的な父親の育児休業への関わりは18.7％という数字が示すよりも大きい可能性がある。

データがないオランダとイギリスに関して，当該国内のデータをみてみると，オランダで育児休業を取得したのは母親が57％，父親が23％であり（den Dulk 2016），イギリスでは母親が10％，父親が12％であった[14]（Tipping et al. 2012）[15]。この2か国では育児休業が無償であることが（61頁参照），特に父親による取得の低さにつながっているものと思われる。また，日本においては父親の育児休業取得率はさらに低く，2.7％にとどまる[16]。

③　有償労働・無償労働時間

次に，父親・母親のふだんの生活時間をみてみると（図4-14参照），日本

を含むすべての国で父親は週40時間を有償労働に割いていることがわかる。一方で、母親の有償労働に関しては国によるばらつきがみられる。フィンランド、スウェーデン、フランス、ドイツでは、母親も週30時間以上の有償労働に従事している。他方、オランダとイギリスでは、母親の有償労働時間は週30時間未満である。日本はさらに短く、週20時間である。

　無償労働については、オランダ、イギリス、フィンランド、スウェーデンの父親は、週約20時間を無償労働に割いている。フランス、ドイツでは少し短い10時間である。これらに対して日本は2.8時間であり、欧州6か国に比べて相当に低い水準である。

　単純な時間数だけでは各国の特徴がつかみにくいため、1週間の無償労働時間全体のうち、父親によって遂行された割合に換算してみよう（図4-15参照）。もっとも高いのはスウェーデンとフィンランドで、約4割の無償労働が父親によってなされている。次がオランダ、イギリスで約3割である。フランス、ドイツではそれよりも少し下がる。一方で、日本は1割にも満たない。

　興味深いのは、オランダとイギリスでは父親は北欧諸国と同程度の時間（あるいはそれ以上）を無償労働に費やしているにもかかわらず、この2か国では母親の無償労働時間が相当に長いために、相対的に父親の貢献度が低くみえることである。

④　父親のケアの現状

　父親のケアの実態は、次のようにまとめられる。まず、休業に関しては、特に父親向けに設計された父親休業制度がある場合、欧州では大多数の父親がこれを取得している。しかし育児休業については、スウェーデンを除いて、母親による取得に偏っているのが現状である。一方で、ふだんの無償労働に関しては、大きく3つのパターンがみられる。(1)父親の行う無償労働の割合が高いスウェーデン、フィンランド、(2)中程度のオランダ、イギリス（ただし父親の無償労働時間が短いわけではなく、母親の無償労働時間が長いため）、(3)低

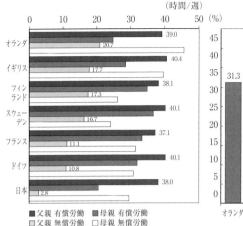

図4-14　父親・母親の週平均有償・無償
　　　　　労働時間（2010年）

注：欧州の無償労働には子ども（世帯内に同
　　居する18歳未満）のケア・教育，家事・料
　　理を含む。就業（被用者・自営業者含む）
　　する親のみ。日本は夫婦と子どもの世帯
　　（子の年齢問わず，共働き）。無償労働は
　　「家事」「育児」の合計時間。有償労働は週
　　5日，無償労働は週7日として筆者が算出。
出所：Fifth European Working Conditions
　　Survey（EWCS）2010. 日本は総務省統
　　計局「平成23年社会生活基本調査」。

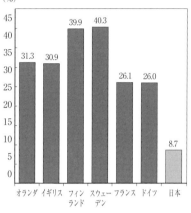

図4-15　週の無償労働時間全体に占め
　　　　　る父親の割合

出所：図4-14に同じ。

いフランス，ドイツである。さらに日本の父親については，育児休業におい
ても，ふだんの無償労働においても欧州諸国と比べてきわめて低い水準にあ
る。

　このように，父親のケア役割の遂行については，特に北欧諸国において一
定の進歩がみられる。しかしながら，父親に関しては欧州6か国すべてにお
いて育児期を通じたフルタイム就業が標準的であり，パートタイム就業や労
働市場からの一時退出など母親のような多様な働き方はほとんどみられない。
このことは，欧州諸国においても，育児期のケア役割遂行のために稼得役割
を調整しているのは，主に母親であることを示唆している。

（2）稼得とケアに関する親の意識

　ここまで，主に母親の稼得役割，父親のケア役割の現状についてみてきた。そこで少し視点を変えて，現実というよりも理想として，各国ではどのような稼得とケアのジェンダー・バランスが望まれているのかについてみてみよう。表4－2は，就学前の子どもをもつ親（父親・母親）に対して，「就学前の子どもをもつ家庭にとってもっとも望ましい仕事と家庭のあり方」を聞いた結果である。

　「②母パートタイム就業－父フルタイム就業」がもっとも高い支持を得た国は，フィンランド（38.3％），フランス（48.2％），ドイツ（53.2％），イギリス（59.8％）の4か国である。一方で「④父母ともにパートタイム就業」がもっとも高い支持を得たのは，オランダ（41.3％）とスウェーデン（45.9％）である。

　とりわけ，欧州6か国のなかで父親・母親ともにフルタイム就業のモデルにもっとも近いスウェーデンにおいて（図4－14参照），父親と母親の両方が「父母ともにパートタイム就業」をもっとも多く選んでいることは興味深い。オランダでは，母親の理想としては「②母パートタイム就業－父フルタイム就業」と「④父母ともにパートタイム就業」に二分された。これより，オランダでは母親自身による高いパートタイム就業への支持がうかがえる。他方，オランダの父親がもっとも支持するのは「④父母ともにパートタイム就業」である。またフィンランドでは，母親は「②母パートタイム就業－父フルタイム就業」を支持する傾向にあるが，父親に関しては「③父母ともにフルタイム就業」の支持も高い。

　図4－16は，「③父母ともにフルタイム就業」または「④父母ともにパートタイム就業」を選んだ親の合計，すなわちフルタイムであれパートタイムであれ「ジェンダー均等」モデルを支持した親の割合を示したものである。これをみるとスウェーデンでもっとも高く（64.8％），次に高いのがオランダ（44.6％），フィンランド（40.9％）となっている。以上から，少なくともス

表4-2 就学前の子どもをもつ家庭にとって
もっとも望ましい仕事と家庭のあり方

(%)

	フィンランド	オランダ	スウェーデン	フランス	ドイツ	イギリス	日本
①母家庭－父フルタイム就業(全体)	20.8	14.9	5.7	21.5	22.3	29.3	52.0
(母親)	20.5	12.7	7.5	21.7	16.7	30.2	54.3
(父親)	21.1	18	3.6	21.1	32.7	27.6	49.1
②母パートタイム就業－父フルタイム就業	38.3	40.5	27.9	48.2	53.2	59.8	43.3
	42.2	42.3	31.3	48.3	58.9	58.5	38.6
	33.8	38	23.6	47.9	42.9	62.1	49.1
③父母ともにフルタイム就業	23.4	3.3	18.9	14.2	9.4	0	2.4
	14.5	2.8	11.9	13.3	6.7	0	4.3
	33.8	4	27.3	16.9	14.3	0	0
④父母ともにパートタイム就業	17.5	41.3	45.9	15.7	14.4	11	2.4
	22.9	42.3	49.3	16.7	16.7	11.3	2.9
	11.3	40	41.8	12.7	10.2	10.3	1.8
⑤父パートタイム就業－母フルタイム就業	0	0	0.8	0	0.7	0	0
	0	0	0	0	1.1	0	0
	0	0	1.8	0	0	0	0
⑥父家庭－母フルタイム就業	0	0	0.8	0.4	0	0	0
	0	0	0	0	0	0	0
	0	0	1.8	1.4	0	0	0

出所：International Social Survey Programme (ISSP) 2012：Family and Changing Gender Roles Ⅵ.

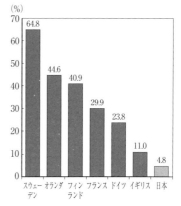

図4-16 「ジェンダー均等」モデル
を支持する親の割合

出所：表4-2に同じ。

ウェーデン，オランダ，フィンランドの3か国においては，稼得とケアをめぐる「ジェンダー均等」モデルへの支持が優勢になりつつある。しかしながら，前記でみたとおり，現実と（特に父親の）理想とのあいだには依然ギャップが存在しているのが現状である。

　一方で，日本ではいまだ「①母家庭－父フルタイム就業」がもっとも高い支持を得ており，稼得とケアをめぐる「ジェンダー均等」モデルは親の認識においても，まだまだ浸透していない。[17]

5　父親の役割変化が鍵

　本章では，欧州6か国と日本における「稼得とケアの調和」の実態を明らかにするために，主に母親の稼得役割，父親のケア役割の現状を統計データから分析した。結果として明らかになったことは，次の4点に要約できる。

　第1に，各国における母親就業の現状は，前章で提唱した「稼得とケアの調和モデル」の3つの政策理念型とおおむね合致していた。育児期を通じてフルタイム就業が一般的であるスウェーデン（「タイプⅠ：連続就労・公的ケア型」），労働市場から一時的に退出し，在宅での育児を経てフルタイム就業に復帰するフィンランド（「タイプⅡ：断続就労・（選択的）家族ケア型」），労働市場から退出せずに育児期を通じたパートタイム就業が一般的であるオランダ（「タイプⅢ：柔軟就労・共同ケア型」）などである。

　第2に，上記のような母親就業の異なりに関して，とりわけパートタイム労働などの就業調整は，女性の稼得力にマイナスの影響を及ぼす可能性が示唆された。一方で，キャリア形成との関係はそれほど明白にみられなかった。これらの点については，今後さらに踏み込んで分析していく必要がある。

　第3に，「稼得とケアの調和」の実態は，欧州諸国においても政策理念型が想定するほど性別役割分業の大きな変容には至っていない。現状では，欧州6か国すべてにおいて，ケアのために稼得役割を調整しているのは母親である。一方で，特に北欧諸国では父親のケア役割の遂行が一定程度みられ，また上記の3つの政策理念型の典型国（スウェーデン，フィンランド，オランダ）では，親の認識・選好においても稼得とケアをめぐる「ジェンダー均等」モデルへの支持が高まってきている。この（特に父親の）理想と現実のあいだのギャップを埋めていくことが，政策のみならず実質的な「稼得とケアの調和」の実現に近づいていくために決定的に重要である。

　第4に，日本については母親の就業，父親のケア，稼得とケアをめぐる親の認識のいずれの側面も，欧州諸国と比べてはるかに低い水準にあり，政策だけでなく実態としても「稼得とケアの調和モデル」からはまだまだ遠い現状が明らかになった。

注

(1)　労働に比べてケアに関する統計は，国際比較可能なデータがはるかに少ない

のが現状である。そのため本章ではできるだけ比較可能なデータを使用するが，それがむずかしいところはなるべく近いデータで補うこととする。

(2) ただしオランダでは父親の約15％がパートタイムで働いており，欧州 6 か国中もっとも高い。

(3) ただし，6 歳未満の子どもをもつ母親のなかにはパートタイム就業も一定程度みられる。スウェーデンでは育児休業をパートタイムで取得できるため，このことも影響しているのではないかと推察される。

(4) 「在宅育児休業」を取得するすべての母親が，子どもが 3 歳になるまで（すなわち制度における最長期間を）取得するわけではない。子どもが 3 歳になる前に復職する女性も多く，1999～2010年の取得期間の中央値は，育児休業終了後から10か月（だいたい子どもが 2 歳くらいまで）であった（Salmi et al. 2016）。

(5) さらにフランスでは，子どもの人数によって公的支援の手厚さが異なるため，母親の働き方も子どもの人数による影響を受ける可能性が高い。だが，ここではこれ以上踏み込まない。

(6) ただし，イギリスでは「タイプⅡ：断続就労・（選択的）家族ケア型」の国のように，「在宅育児手当」のような経済的支援があるわけではない。

(7) いずれも「有子労働者」に限定した統計データがないため，ここでは「全労働者」でみる。

(8) たとえば，業種・職種，雇用形態，労働時間，勤続年数，職位などにおけるジェンダー分離が挙げられる。

(9) ただし母親だけでなく父親も同様に就業調整する場合には，この影響は小さくなると思われる。たとえば，オランダでは母親のパートタイム就業が一般的であるが，父親のパートタイム就業も約15％と欧州 6 か国ではもっとも高い。このことがイギリスやドイツに比べてジェンダー賃金格差が小さい要因の 1 つである可能性は高い。

(10) これを補足するデータとして，Eurofoundが欧州の企業に行った調査では，EU27か国でパートタイム労働者（男女含む）が「高い技能の職務（highly-qualified positions）ないし監督的な立場の職務（supervisory roles）」に就いている割合は，オランダでもっとも高く（54％），その次がイギリス（約40％）であることが示されている（Eurofound 2009）。

(11) 厳密にみるとこれは「キャリア形成」の実態を示す指標ではないが，母親の主観的な意識は就業の動機や働き方の選択と強く結びついているため（Himmelweit and Sigala 2004），「キャリアの展望」を示す重要な側面の 1 つで

あるといえる。

⑿　父親のなかには（有給休暇など）法定以外の休暇を取得する者もいるため，これを含めると取得率はさらに上がる。たとえば，2009/10年のイギリスの調査によると，法定以外の休業も含めると91％の父親が何らかの休業・休暇を取得したことが報告されている（O'Brien and Koslowski 2016）。

⒀　父親休業の取得「期間」に関してはデータがそろっていない。

⒁　イギリスでは母親休業が最大52週間あるため（67頁参照），多くの母親はこちらを利用する。

⒂　オランダ：2013年，イギリス：2010/11年。

⒃　一方，母親の育児休業取得率は81.5％であった（厚生労働省「平成27年度雇用均等基本調査」）。

⒄　ただし，序章でみたように最近の動向からは特に若年層を中心に少しずつ変わってきている側面もあると思われる。

第Ⅱ部

「柔軟就労・共同ケア型」への移行

──《動態論》イギリスの事例から探る──

第Ⅰ部では，「男性稼ぎ主モデル」に代わる規範的モデルとしての「稼得とケアの調和モデル」，またこのモデルを具現化しうる政策パッケージとして「３つの政策理念型」が存在することを明らかにした。これを踏まえて第Ⅱ部で明らかにしようとするのは，３つの政策理念型のうち，特定のタイプへの移行は何によって規定されるのかという点である。つまり，移行経路が形成されるメカニズムであり，「動態論」にあたる部分である。

●イギリスに着目する理由

　本書においてイギリスに着目するのは，大きく以下の３点の理由からである。

　第１に，欧州諸国のなかでは日本と共通する部分が多いことである。イギリスは伝統的に「強固な男性稼ぎ主モデル」（Lewis 1992）といわれてきたが，特に1990年代頃からは現在の日本と同様，女性就業率の上昇，共稼ぎ世帯の増加，育児・介護責任を有する労働者の増加など社会的変化に直面してきた。またイギリスにみられる，男性の長時間労働の問題，女性（母親）のパートタイム就業率の高さ，子育てにおける親（特に母親）の責任の強調などの特徴は，日本と非常に似ている側面がある（Lewis 2009）。

　第２に，「男性稼ぎ主モデル」の克服の試みが，ほかの国に比べて遅かったことである。家族政策の比較的長い歴史をもつ北欧諸国やフランスなどとは異なり，イギリスは1990年代後半から本格的にこれに取り組んだ。その転換のタイミングは重要である。なぜなら，1990年代後半という時代にはすでに，政策形成における財政や福祉ニーズの競合といった現代特有の制約があり（Bonoli 2007），イギリスは必然的にそのような制約のなかで転換を進めなければならなかったからである。

　第３に，とはいえイギリスは政策，実態のいずれにおいても日本よりは「稼得とケアの調和モデル」に近づいていることである（第３章，第４章を参照）。

　つまり，イギリスが1990年代後半から経験してきた，財政や福祉ニーズの競合などさまざまな制約を受けながら，また子育てをめぐる伝統的なジェンダー規範が根強く存在するなかで「男性稼ぎ主モデル」を克服し，いかに「稼得とケアの

調和モデル」を実現していくのかという課題は、まさに日本がいま直面している課題と同じであるといえる。

　したがって、「稼得とケアの調和モデル」に関する政策パッケージの形成において、イギリスがなぜ「タイプⅠ：連続就労・公的ケア型」や「タイプⅡ：断続就労・（選択的）家族ケア型」ではなく、「タイプⅢ：柔軟就労・共同ケア型」の方向に進んだのかを明らかにすることは、日本における今後の移行経路を検討するうえでも有益だと思われる。

●イギリスにおける家族・子育て支援政策の展開

　イギリスでは伝統的に家族や育児を「私的な領域」とみなす考え方が強く、国はこの領域への政策介入には慎重な姿勢をとってきた。しかし1997年５月、18年ぶりに政権に返り咲いた労働党によってこの姿勢はくつがえされ、その後本格的な家族・子育て支援政策が実施されてきた。その背景には、保守党政権下で増加した子どもの貧困の撲滅、それと関連して女性（特にひとり親家庭の母親）の就業促進、子どもの教育水準を向上させるなどの目的があったとされる（Lewis 2009）。

　労働党は13年間（1997～2010年）の政権において、実にさまざまな政策を導入・展開した。たとえば、児童手当の増額や、イギリス初となる「全国最低賃金制度」の創設、ひとり親を対象とした就業支援プログラム（New Deal for Lone Parents）などである。[1]

　さらに、主に仕事と子育ての両立支援を目的として、ECEC（就学前教育・保育）サービスの拡充、柔軟な働き方の推進、出産・育児休業（父親休業、養子休業含む）の整備、短時間・非正規労働者の処遇の改善など、ワーク・ライフ・バランスに関連する施策も数多く展開した。

　そのなかでも本書は、「ECECサービス」と「柔軟な働き方」の政策展開に焦点を絞って分析する。その理由は、続く第５章、第６章で述べるとおり、この２つの政策こそイギリスの「タイプⅢ：柔軟就労・共同ケア型」への移行を規定した政策だったからである。

●研究方法

研究方法として，「ECECサービス」と「柔軟な働き方」制度の政策形成に関与したアクターに対するキー・インフォーマント・インタビュー調査を採用する。これらの政策に関して豊富な知識と情報をもっている人物と面接し，情報を聞き取るこの調査方法の利点は，政策形成過程で何が起こっていたのかという「内部情報」をつかめることである。

後述するとおり，先行研究では政策形成の「結果」としての制度・政策内容に関する記述的分析にとどまる傾向にある。そのため，実際に政策が動く際のリアリティに肉薄できていない。つまり，政策が選択・決定される「過程」においては，さまざまなアクターの思惑，攻防，交渉など，なまなましいダイナミズムが渦巻いているのであり，これらを浮き彫りにしてはじめて，政策形成の原動力や要因を明らかにすることが可能となる。

したがって，本書は前記のような政策過程分析の視点にもとづき，政策関係アクターへのインタビュー調査を実施した。調査の概要は，下記のとおりである。なお，本調査は同志社大学倫理審査委員会「人を対象とする研究」としての承認を得て実施した（番号：第A15008号）。収集した調査データは，佐藤（2008）やStrauss and Corbin（1998=2004）などを参考に，演繹的・帰納的アプローチを併用する質的データ分析法にもとづき分析した。調査・分析方法の詳細については田中（2017）を参照されたい。

調査の概要

調査対象者：「ECECサービス」，「柔軟な働き方」制度の政策形成過程に実際に参加した，あるいは専門的な知識をもつ22名（調査協力者の詳細は，135頁の表5－3および160頁の表6－2を参照）。

調査期間：2015年7月〜8月。

調査地：イギリス（ロンドン，ヨーク，オックスフォード）。

調査内容：前記2つの政策に関する労働党政府のビジョン，政策形成過程における各アクターのポジションと議論，政策評価など。

注

(1)　個々の施策の詳細については所（2012）に詳しい。

(2)　政策過程分析とは主に政治学の領域で利用される手法であり，政策形成過程におけるアクター（利害関係者）の重要性に着目し，アクター間の関係性や議論，対立や妥協の「過程」の再構成をとおして政策決定の要因にせまるものである（草野　2012：27）。

第5章

「北欧型」ECECシステムには移行せず

1 本章の目的

「稼得とケアの調和モデル」を具現化しうる政策パッケージの「3つの政策理念型」のうち，イギリスは「タイプⅢ：柔軟就労・共同ケア型」に位置づけられた（第3章）。それを踏まえて，本章の目的は，なぜイギリスはタイプⅠやⅡではなく，タイプⅢへの移行経路をとることになったのかを明らかにすることである。

「タイプⅠ：連続就労・公的ケア型」と「タイプⅡ：断続就労・（選択的）家族ケア型」は，家族ケアを支援する方法（親による在宅育児に対する経済的援助など）において互いに異なるものの，ECECサービスに関して「主に公的財源による教育と保育の統合サービスを1歳以上のすべての子どもに保障する」点は共通している。タイプⅠないしⅡへの移行には，このようなECECサービスのあり方が必須であるといえる。ここでは，このようなECECサービスをタイプⅠ・Ⅱの典型国（タイプⅠ：スウェーデン，Ⅱ：フィンランド）にちなんで，「北欧型」ECECシステムと呼ぶことにしよう。

後述するとおり，イギリスのECEC政策は労働党政権のもとで飛躍的に発展したが，その内容は「北欧型」ECECシステムとはかけ離れたものであった。それを踏まえて本章では，次の2点のリサーチ・クエスチョンにせまる。すなわち，(1)そもそも労働党政府は「北欧型」ECECシステムを選択肢として念頭においていたのか。(2)そうだとすれば，そのアイディア[1]はなぜ実現し

なかったのか。これら2点の検討を通じて,「稼得とケアの調和モデル」への移行経路に関して,イギリスの政策パッケージを規定した要因の一端を明らかにできるだろう。

結論を先取りすれば,労働党政府は「北欧型」ECECシステムに注目しており,少なくともこのシステムの利点を認識していた。また「北欧型」システムを推進し,イギリスでの導入について検討していたワーキング・グループも存在した。しかしながら,労働党政府によってその経路は選択されなかった。その背景には,「北欧型」ECECシステムへの移行を阻む,(1)歴史的,(2)政治的,(3)社会文化的な要因があったことが明らかになった。

2　イギリスのECECシステム

(1) ECEC政策の展開

労働党は政権に就いて1年後の1998年5月に「全国児童ケア戦略(National Childcare Strategy)」,2004年12月にその改訂版である「児童ケア10年戦略(A Ten Year Strategy for Childcare)」を発表し,国が先導してECECサービスを整備していく計画を明示した。そのなかで示された政策ビジョンは,「すべての地域において0〜14歳のすべての子どもが,質の高く手頃な価格の児童ケアサービスを利用できるようにする」というものであった(DfEE 1998;HMT et al. 2004)。

このビジョンのもと,主に次の3点を柱とした政策を展開した。(1)すべての3,4歳児に対して無償の就学前教育を受ける権利を付与すること,[2](2)低・中所得世帯を対象に保育サービス利用料の一部を税額控除として補助すること,[3](3)貧困地域における4歳未満児とその親を対象に「シュア・スタート地域プログラム(Sure Start Local Programmes)」(以下,「シュア・スタート」という)を展開することである。

なお,シュア・スタートは早期介入と地域開発(community development)

を目的として主に保健・家庭支援サービスを提供する施策であり，その細かな内容はニーズに応じて地域ごとに設計された（Glass 1999）。2004年以降，シュア・スタートは「チルドレンズ・センター（Children's Centres）」として再編成された。この再編成は，それまでの地域開発的な特色から，保育サービスや親の就業支援，就学前教育との連携にその主眼を移し，より包括的な支援サービスを1か所で提供する「ワンストップ・サービス施設」として全国に整備し，貧困地域だけでなくすべての地域で利用できる普遍的サービスへの移行をめざすものであった（HMT et al. 2004）。

（2）イギリスECECシステムの特徴

前述のとおり，ECEC政策は労働党政権のもとで飛躍的に発展した。しかしながら，イギリスのECECシステムは，少なくとも次の3点において「北欧型」とは異なるかたちとなった（表5 - 1参照）。第1に，サービスの財源・供給において公的・民間・ボランタリーセクターの複合構制（mixed economy）を採用したこと。第2に，幼児教育と保育を統合したサービスとはならなかったこと。第3に，子どもに限らず親も重要な支援の対象とみなしたことである。

このような特徴についてイギリスの研究者からは，保守党政権から引き継いだ政策の「連続」であると，批判的に論じられる傾向が強い（Lloyd 2008；Penn 2011；Moss 2014など）。たとえば，サービスの財源・供給における複合構制についてPenn（2011）は，ECEC市場の大部分を占める民間営利企業はサービスの質が公的セクターよりも劣っており，さらに不況時におけるサービス供給の持続性が脆弱であると指摘する。

また，Moss（2014）は幼児教育と保育の分離に関して，すべての子どもと家族を1つの包括的システムに含めるような統合的なECEC概念の構築・実施に至らなかった点を批判している。さらに国内の研究においても，ECEC政策の連続性が指摘されている。たとえば，埋橋（2011）は，親が子どもの

表5-1　「北欧型」とイギリスのECECシステムの違い

ECECシステムの特徴	北欧型	イギリス
主な財源・供給主体	公的セクター	公的・民間・ボランタリーセクターの複合構制
幼児教育・保育の統合性	統合的サービス	分離的サービス （一部の貧困地域では統合的サービス）
主なサービス対象者	すべての子ども （1歳-就学）	幼児教育（3歳-就学）：すべての子ども 保育サービス：子ども（働く親） シュア・スタート，チルドレンズ・センター：子どもと親

注：イギリスの場合，すべての子どもに利用資格を保障しているのは幼児教育のみ。
出所：OECD（2006=2011）より筆者作成。

育児責任と費用を担うべきという姿勢は労働党政権下においても変わらなかったと述べている。

　しかし，先行研究の多くは，実際に実施された制度・政策の内容，すなわち政策形成の「結果」の部分だけに焦点を当てて評価しており，その制度・政策内容が選択・決定された「過程」にまで踏み込んだ分析は行っていない[4]。したがって，前記のリサーチ・クエスチョンにせまるためには，政策形成の「過程」を明らかにする必要がある。

3　サービスの財源・供給における複合構制の採用

（1）「北欧型」を推進したワーキング・グループ

　まず，そもそも労働党政府は「北欧型」ECECシステムのアイディアをもっていたのだろうか。この点について複数の調査協力者が，労働党政府は「北欧型」を念頭においていた，あるいは少なくともその方向性が望ましいという認識をもっていたと証言した [In. 8，9，11，12]。たとえば，労働党政権下で首相官邸政策ユニット（Number 10 Policy Unit）の政策立案責任者を務め，トニー・ブレア（Tony Blair）の政策アドバイザーでもあった人物は，次のように語った。

わたしたちはデンマークのシステムを視察するため実際に何度が現地に行きましたし，またスウェーデンのシステムも参考にしていたので，国家による供給とまではいかなくとも大部分が公的財源によるシステムの方向に向かうことの利点は認識していました。[In.11 シンクタンク研究員]

さらに，労働党政府に非常に近いところで「公的財源・公的セクター供給を中心とするECECサービス」の実現に向けて，議論や実践を重ねてきたインフォーマルなワーキング・グループが存在したことも指摘された。このグループは，ECEC政策および実践を専門とする学術研究者や実践家などで構成され，定期的に会合を開いていた。また，そこには労働党政権におけるECEC政策の中心的アクターであるマーガレット・ホッジ（Margaret Hodge）労働党議員も参加していた [In. 6，10，13]。

ワーキング・グループの主要メンバーであり，1980〜90年代にかけて複数の労働党議員の政策アドバイザーを務めた研究者は，労働党が政権に就く以前のグループの活動状況について語った。

わたしは1980年代後半にスコットランドのストラスクライド（旧）州で働いていました。ストラスクライドは就学前教育と保育を公的サービスとして統合した最初の地方自治体でした。その経験を踏まえてワーキング・グループでは，どうすれば真に統合された公的ECECサービスの供給が可能か，供給拡大のために必要となる財政支出をいかにして正当化するか，どのような政策論理を採用するか，などを議論していました。こうしたモデルは，ある時期までは労働党の政策に影響を与えていたんです。[In. 6 学術研究者]

しかし，1994年にブレアが党首になったのを境に，ECEC政策の方向性をめぐる形勢が変わっていくことを予見したという。

　　ブレアが党首になって最初の党大会で彼を紹介され，わたしは「ECEC
　　サービスの発展を本当に望むならGDPの１％は支出しないといけません」
　　と言いました。すると，彼は眉をひそめて首を横に振りました。それまで
　　何年もかけて真剣に検討されてきたことなのに，まるでとんでもない提案
　　のような反応でした。[In.6 学術研究者]

　このような発言からは，ブレア自身は労働党政権の誕生前から，財政支出
を増やして公的ECECシステムを構築するという選択肢をそれほど真剣に検
討するつもりがなかったことが示唆される。また，同じグループのメンバー
であった別の研究者は，公的サービスの拡大という選択肢は，ブレア政権で
は議論の俎上にもあげられなかったと指摘した。

　　労働党政権の発足時にグループのメンバーと一緒に手紙を書き，政策を
　　決定する前に少し時間を使って広く選択肢を検討することを当時の大臣に
　　進言しましたが，何も起こりませんでした。時間の無駄でした。[In.10 学
　　術研究者]

　結局，労働党政府のECEC政策の方向性を明示した「全国児童ケア戦略」
（1998年）では，公的財源は主に４歳児向け（その後３歳児まで拡大）の就学前
教育と貧困地域における保育・家庭支援サービスの一部に限られ，供給主体
に関しても就学前教育と保育の両方で公的・民間・ボランタリーセクターの
参入が推進された。[(6)]

（2）財政とインフラの問題

　では，ブレア以前の労働党のECEC政策（のアイディア）に一定の影響を及
ぼしていたとされる公的サービスの拡大という選択肢は，ブレア以降の労働
党ではなぜまともに検討されなかったのだろうか。

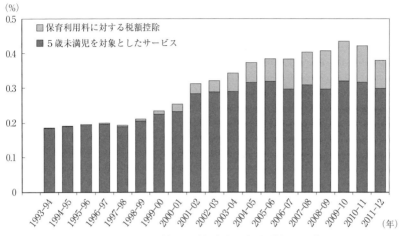

図 5 - 1 ECEC政策への公的支出の変遷（対GDP比）
出所：Brewer et al.（2014）を筆者が一部修正。

　その理由として調査協力者たちがまず挙げたのが，財政の問題である。前出の首相官邸政策ユニットの責任者は「政府の中枢は，このビジョンを現実にするために必要となる莫大な公的資金を投入するつもりがなかった，あるいはできなかった」[In.11 シンクタンク研究員] と述べた。周知のとおり，労働党は政権を奪取した1997年総選挙のマニフェストにおいて，政権就任後 2 年間は前保守党政権の歳出削減計画をそのまま踏襲することを公約していた（Labour Party 1997）。図 5 - 1 にみられるとおり，この領域への公的支出が大幅に増加したのは，労働党政権第 2 期（2001年〜）以降である。[7]

　こうした緊縮財政の選択について複数の調査協力者は，「労働党がもはや昔の『国民の党』ではなく，新しい党，すなわち『ニューレイバー』に生まれ変わったという認識を国民に植えつけるための意図的な選択だった」[In. 1 学術研究者] と捉えていた。[8]

　「北欧型」が現実的な選択肢にならなかったもう 1 つの理由として挙げられたのは，インフラストラクチャーの問題である。労働党が政権に就いたとき，ECECサービスの供給状況には自治体ごとに大きな差があった。とりわ

表5-2　供給主体別にみた保育サービス供給量の推移（1989〜2001年）

	公的保育所	民間保育所	プレイグループ	チャイルドマインダー
1989年	28,789	46,589	409,063	186,356
1993年	21,400	112,400	396,900	300,700
1997年	20,200	173,700	383,700	365,200
2001年	18,200	266,100	330,200	304,600
1989〜97年の 増減（％）	－30	＋273	－6	＋96

注：供給量は登録定員数を指す。チャイルドマインダーの増減（％）は，1989年に新たな規制
　が導入された影響により信頼性が高くないため解釈には注意が必要である。
出所：Cohen et al.（2004：73）を一部筆者が抜粋・修正。

け，「公立のナーサリー・スクールやナーサリー・クラスが比較的充実して⁽⁹⁾

け，「公立のナーサリー・スクールやナーサリー・クラスが比較的充実して[9]いたロンドンに比べ，保守党管轄の地域では公的な供給はほとんど皆無にひとしかった」［In.13 ECECコンサルタント］。そのため，親のニーズに応えるべく，こうした地域を中心として民間セクターによる供給が急速に発達してきていた（表5-2参照）。

　このような状況にかんがみれば，また先述のとおり「制約の厳しい財政状況のもとではなおさら，これらの民間セクターをすべて公的セクターに置き換えるという選択肢は現実的ではなく，よって初期の労働党政府は既存のシステムを維持してその上に築くという選択をした」［In.11 シンクタンク研究員］。

　さらに，教育雇用省の元官僚やロビー団体によると，この選択には政策課題における優先順位も関係していたという。かれらは，（少なくとも初期の）労働党政権にとって「ECECサービスを量的に拡大するほうが，質的な向上よりも優先順位の高い課題であった」［In.3 教育雇用省・元官僚］と指摘した。

　　ふつうの親は，市場が提供するECECサービスの質についてほとんど何も知らないと思います。それに比べて，「すべての4歳児が週12.5時間の教育を無料で受けられるようにします」と宣言することには，政治的に強

い訴求力があります。多くの親はサービスの供給量が増えたことを実感し，
「何もない状態から何かがある状態」に進んだことに満足することが，労
働党政府の政治的戦略の1つだったと思います。[In. 8 ロビー団体職員]

したがって，既存のシステムを活用するという労働党政府の選択には，
ECECサービスの供給を短期間のうちに急速に拡大するねらいもあったとい
える。

このように，労働党政府は「北欧型」ECECシステムに注目はしており，
またこの方向性を推進する研究者や労働党議員などによるワーキング・グ
ループも存在した。しかしながら，一方で財政やインフラの不足という制約
を受けながら，他方ではサービス供給量の急速な拡大をめざしたことから，
「北欧型」システムへの道は開かれなかった。

4 教育・保育・福祉の分立

「北欧型」ECECシステムのアイディアが実現しなかった背景要因として，
調査協力者はもう1つの側面を指摘した。それは，教育・保育・福祉など
ECECサービスにかかわる複数の領域を政府は統合することができず，それ
ぞれの潮流の分立を維持したことである。

基本的にイギリスにおけるECECの議論は3つの領域に分かれます。親
の就業を支援する保育サービス，子どもの発達を促進する就学前教育，
シュア・スタートのような貧困地域における子どもに向けた総合的サービ
スです。これをいくら統合しようとしても，いまだにこの3つが分立して
いるのがイギリスのECECシステムです。[In. 3 教育雇用省・元官僚]

（1）政策アジェンダの衝突

　ではなぜ，「北欧型」のような教育と保育が統合されたサービスをすべて
の子どもに供給するかたちにはならず，3つの領域の分立が維持されたのだ
ろうか。その背景には，キー・アクターである労働党政権の主要大臣の「そ
れぞれが自身の名をあげる重要プロジェクトをもっており，互いに協力し合
わない」［In. 6　学術研究者］状況にあったことが指摘された。すなわち，「ハ
リエット・ハーマン（Harriet Harman）社会保障相の保育サービス，デイ
ビッド・ブランケット（David Blunkett）教育雇用相の就学前教育，そして
テッサ・ジョエル（Tessa Jowell）保健担当大臣のシュア・スタート」［In. 6
学術研究者］である。

　　ハリエット・ハーマンとデイビッド・ブランケットのあいだには確執が
　ありました。2人とも政府内で強い影響力があり，確固たる信念をもって
　いる人たちですからね。わたしはハリエットに招かれて彼女と個人的に議
　論した際，「保育政策と（幼児）教育政策を別々に展開しつづけるわけに
　はいかない。2つを統合し両者に共通する戦略を練るべきだ」と助言しま
　した。でも個人レベルでは2人のあいだに勢力争いがあり，互いに協力す
　るはずがありませんでした。結局，2人とも自分にとって重要な政治的課
　題を優先させたんです。政治はいつも政策形成をひどく妨げます。［In. 6
　学術研究者］

　　デイビッド・ブランケットとテッサ・ジョエルの立脚点は母子支援にあ
　り，3歳未満の子をもつ母親の就業については両者ともあまり好ましく
　思っていませんでした。特にデイビッドは半日の就学前教育には賛成でし
　たが，全日の保育サービスについてはこれを「ソビエト方式」と揶揄し，
　シュア・スタートに保育サービスを含めることに強く反対しました。一方，
　ハリエット・ハーマンはジェンダー平等の観点から全日の保育サービスを

強く推し進めました。ただし，保育の質への関心はそれほど高くありませんでした。[In. 3 教育雇用省・元官僚]

さらに，労働党政府内においてこのような政策アジェンダの衝突がみられたのは，主要大臣のあいだに限ったことではなかった。首相の政策アドバイザーを務めた人物は，政権トップのあいだでも同様に異なる政治的課題が並存していたことを指摘した。

　ブレア（首相）とブラウン（財務大臣）はこの分野に投資することによようやく合意しましたが，2 人の目的はかなり異なっていました。ブレアの主な関心は家庭生活の質や子どもの学力を向上させることにあり，雇用の側面はそれほど気にしていなかった一方で，ブラウンは財務大臣としての立場から労働参加率を上げることに肩入れしていました。[In.11 シンクタンク研究員]

しかも，こうした政府トップおよび主要大臣間における政治的課題や個人的な価値観の衝突は，議論を通じて解消されることもなく「それぞれが自分の関心や考えを反映させた『小さな帝国』のような施策を維持することでバランスを保っていた」[In.11 シンクタンク研究員]という。

このように，労働党政府の中心部においてECEC政策をめぐる複数のアジェンダが衝突しており，それらに関して互いに歩み寄りがなされなかったことが，「北欧型」のような教育と保育の首尾一貫したECECシステム構築への足かせとなっていたことがわかる。

（2）統合の試みと反発

しかしながら疑問として残るのは，はじめは貧困地域における子ども（と親）を対象としていたとはいえ，その後普遍化がめざされたシュア・スター

ト，チルドレンズ・センターは総合的サービスであったはずであり，これら
の導入によってなぜ先述のような政策アジェンダの衝突は解消されなかった
のか，という点である。これについて幼児教育の専門家は，厳しい口調で次
のように述べた。

　　わたしは，シュア・スタートが最大の過ちだったと思います。なぜなら
　これは，福祉の要素だけを取り込んで教育や保育とのつながりを切り離し
　た，完全に独立した施策だったからです。それに政府の大部分の資金と期
　待はこの施策に注がれました。でも，のちに政策効果が著しく低いという
　調査結果が出て，大失敗ですよね。これが子どもの貧困を断つはずの施策
　だったんですから。[In. 6 学術研究者]

　　シュア・スタートに関してわたしも含め，デイビッド・ブランケットや
　テッサ・ジョエルはいくつかの点において間違いを犯しました。その1つ
　は，わたしたちは親の自尊心を高めることや，かれらを社会的な環境・コ
　ミュニティに包摂することが，子ども自身により良い成果（outcome）を
　もたらすと考えていたんです。しかしそうではありませんでした。わたし
　たちが得たのは「以前よりも幸せな親（happier parents）」であって，子ど
　も自身に関する「計測可能な成果（measurable outcomes）」ではありません
　でした。[In. 3 教育雇用省・元官僚]

　　シュア・スタートの目的は，主に貧困地域における地域開発と母子支援に
　あり（Glass 1999），また先に述べたとおり，施策の立案過程でブランケット
教育雇用相の強い反対もあり，シュア・スタートには保育サービスの提供が
含まれなかった。さらに4歳未満児を対象としたため，すべての4歳児に供
給される就学前教育とも切り離されたものとなった。
　しかし，第1次政策評価(16)の影響を受けて，2003年にシュア・スタートは

「チルドレンズ・センター」として再編成することが発表され，貧困地域に限定せず，段階を踏んで全国に拡大する普遍化の方向が打ち出された。さらに，シュア・スタートでは除外された保育サービスの提供や，就学前教育との連携の強化，保健・家庭支援サービスなども含めたより総合的な「ワンストップ・サービス施設」となることが明示された。[17]

このシュア・スタートからチルドレンズ・センターへの移行を率いたのは，マーガレット・ホッジ（Margaret Hodge）子ども担当大臣であったと調査協力者の1人は指摘した。既述のとおり（117頁），ホッジは「北欧型」ECECシステムを推進したワーキング・グループの中心人物である。

マーガレット・ホッジがこの改変における重要人物でした。チルドレンズ・センターのモデルは，彼女がイズリントン地区（ロンドン）のリーダーだったときに実際わたしたち（調査協力者とホッジ）が実施を試みていた[18]ものです。政治家として，マーガレットは就学前教育と保育は分離されるべきではないという考えをもっていました。[In.13 ECECコンサルタント]

こうして，それまで分立していた教育・保育・福祉サービスをより統合していく方向性が現実的になっていった。しかしながら，今度はこの動きに対して各方面から反発があったことを，調査協力者は指摘した。

普遍的サービスに拡大するのか選別的なままにとどめておくのか，財務相やデイビッド・ブランケット[19]などを含めて政府内で激しい論争がありました。争点の1つは，シュア・スタートの性格が変わってしまうことでした。シュア・スタートには恵まれない地域の子どもにサービスを供給するだけでなく，地域のちから自体を開発するという目的がありました。そのため親の参加も重視されていました。チルドレンズ・センターへの普遍化

で，この当初のエートス（気風）が失われてしまうという不満がありました。[In.11 シンクタンク研究員]

多くの地域でシュア・スタートのスタッフから相当な反発がありました。かれらは自分たちの役割は，親が子どもとより良い関係を築けるよう「親子に働きかける」ことであり，「働く親に代わって子を養育する」ことではないと考えていましたから。[In.5 学術研究者]

チルドレンズ・センターをより幅広い層の親が利用できるようにするという新たな政策展開には，民間・ボランタリーセクターからの抗議もありました。チルドレンズ・センターが地域に入ってくれば，より安いサービスを提供する公的セクターと競争しなければならず，かれらは市場からはじき出されることを恐れていたからです。[In.11 シンクタンク研究員]

このように，労働党政権の第2期（特に2003年）以降には，教育・保育・福祉の領域においてばらばらだった各施策を，チルドレンズ・センターというかたちで一定程度，統合していく動きがみられた。しかしこれは政府内，実践の現場，さらには民間・ボランタリーセクターなどあらゆる方面からの反発を受け，さらにやはり財源の問題もあり [In.3，4，11]，結局チルドレンズ・センターという名のつくものは全国3500か所に設置されたが，総合的なサービスの供給は貧困地域に限定されることとなった[20]。

5 「親の育児責任」の強調と受容

最後に，「北欧型」ECECシステムのアイディアが実現しなかった背景要因として，社会的規範としての育児における親の責任の強調という側面が指摘された。労働党政権のECEC政策の目玉であったシュア・スタートやチル

ドレンズ・センターは，その対象者に子どもだけでなく親も含めており，これが1つの特徴であるといえる。

　というのもこの時期には，育児方法や家庭環境などが子どもの発達および学習能力に強い影響を与えるという，科学的根拠にもとづく研究成果が発表され，「どうすれば親の育児能力（parenting skills）を向上させられるかという議論が注目を集めていた」[In. 2　学術研究者]。

　　労働党政府は育児の領域に足を踏み入れはしましたが，子育ての第一義的責任は親にあるという構図は変わりませんでしたし，政府は親が「より良い親」になれるよう支援することに信念をもっていました。[In. 7　学術研究者]

　では，このような親の育児責任を維持（あるいは強化）するような動きを親自身は，またECEC領域のロビー団体や専門家はどのように受け止めていたのだろうか。こうした動きに反対し，「子育ての社会化」の必要性を唱えたアクターはいたのだろうか。

　　シュア・スタートはものすごい人気でした。それ自体はすばらしいことです。利用者は温かく迎えられスティグマもなく，恵まれない地域のために作られたはじめての施策だったので，こういうものが欲しかったんだとみんな大喜びでした。（政策評価では改善の余地がありましたが）その点からみれば大成功だったといえます。[In. 3　教育雇用省・元官僚]

　　施策の成功を利用者の声と人気度で測るとしたら，シュア・スタートは100％成功だったといえます。[In. 5　学術研究者]

このような発言から，シュア・スタートは親の育児への「介入」というよ

りは「支援」として親自身からもかなり好意的に受け入れられていたことがうかがえる。同様に，複数のロビー団体からも，育児責任のある親を支援することの重要性が強調された［In. 4，9］。さらに，あるロビー団体はこのような考え方の背景にあるイギリスの歴史・文化について言及した。

　　子育てに関してより社会的（集団的）な責任を受容している北欧諸国とは少し異なっていると思いますね。イギリスの親は1990年代前半まで孤立していました。ベビーシッターやチャイルドマインダーを雇うことが少しはありましたが，ほとんどの親は保育サービスというものを利用したことがありませんでした。そのため自分の子どもの世話を他人に任せるという考え方自体があまり根づいていないように思います。［In. 4　ロビー団体職員］

　このことから親の育児責任の強調については，これに強く反対したアクターは多くなく，イギリスでは依然として，子育てにおける親の役割が重く捉えられていることが推察される。こうした社会文化的な考え方を基盤に，「親の子育てに対する支援を充実させるかたちで政府がその責任の一端を共有する」［In. 7　学術研究者］という政策のあり方は，イギリスではおおむね好意的に評価されたと考えられる。

6　「北欧型」への移行を阻害した要因

　ここまで，ECEC政策の展開過程を関係アクターへのインタビューから検討してきた。その結果，少なくとも3つの側面において「北欧型」ECECシステムへの移行を阻んだ要因があることが示された。それらは，(1)歴史的側面，(2)政治的側面，(3)社会文化的側面とまとめられよう（図5－2参照）。

（1）歴史

　まず，労働党政権は少なくとも「北欧型」ECECシステムの利点は認識していた。また「北欧型」システムを推進するキー・アクターとして，研究者，実践家，労働党議員などによるワーキング・グループが存在したことも明らかになった。

　しかしながら，この方向に進む選択肢は，労働党政権が誕生したときにはすでに閉ざされていた。それは，ワーキング・グループのメンバーによる進言に対するトニー・ブレアの反応（118頁）からも明らかである。図5－2に示したとおり，公的財源・公的セクターによるECECシステムが現実的な選択肢とならなかった背景には，歴史的側面に関係する2つの制約があった。

　第1に，財政の制約である。就任後の2年間は前保守党政権の歳出削減計画を継続することを公約したことからもわかるように，少なくとも初期の労働党政権には公的支出を増加する意思はなかった。それはやはり，公的支出を増加させると宣言することが政治的に賢明でないとの判断があったからであろう。

　18年ものあいだ政権を失っていた労働党にとって，いかに「増税とバラマキの党」というオールドレイバー（昔の労働党）のイメージを払拭し，ニューレイバー（新しい労働党）としてのアイデンティティを有権者にアピールするかは，死活問題であったといっても過言ではない（今井 2008）。つまり緊縮財政の選択は，労働党として歴史的に新たな1歩を踏み出すための重要な政治戦略であったといえよう。

　第2に，インフラの制約である。労働党が政権に就いた1997年には，ECECサービスの供給状況は自治体による差が激しく，公的な供給がほとんどない地域もあった。インフラには建物だけでなく人的資源も含むが，質の高いECECサービスを提供できる資格や訓練を受けた人材を養成するには，多大な時間と資金の投入を要する。こうした課題の一方で，1990年代前半には公的セクターの不足を補うため，主に民間セクターによる供給が急速に発

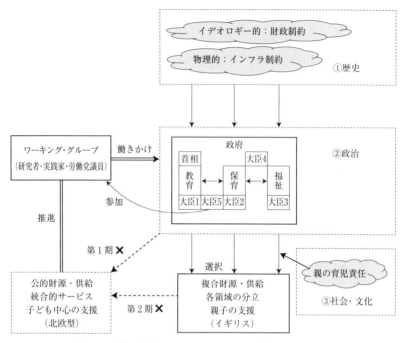

図5-2 「北欧型」ECECシステムへの移行を阻んだ要因

注：大臣1：デイビッド・ブランケット教育雇用相，大臣2：ハリエット・ハーマン社会保障相，大臣3：テッサ・ジョエル保健担当大臣，大臣4：ゴードン・ブラウン財務相，大臣5：マーガレット・ホッジ教育雇用省政務官（役職はいずれも1998年当時）。
出所：筆者作成。

達した。

　このような2つの制約を一方で受けながらも，他方でECECサービスの量的拡大をめざした労働党政権は，財源と供給の両面において公的・民間・ボランタリーセクターの複合構制を採用することを選択した。

　以上の過程からみえてくるのは，労働党政権が誕生する前の歴史において子育てを私的領域にとどめ，公的な支援策を実施してこなかったことに由来する「政策遺産（policy inheritance）」（Rose and Davies 1994）が，イデオロギー的および物理的な制約を生み出し，それによって政策の選択肢は著しく制限され，結果的に理想とする政策アイディア（この場合は「北欧型」ECEC

システム）を実現する道が閉ざされるという，いわば政策形成における「負の連鎖」のようなものである。

（2）政治

　ECEC政策の目的は本来，きわめて多様である。親（特に母親）の就業支援，子どもの発達促進，恵まれない地域・家庭の子どもや親の支援といったさまざまな目的が共存しうる，社会政策のなかでも実に裾野の広い領域であるといえる。しかしながら，多様な目的があまりにも乱立すると，いったい何のため，誰のためのECECサービスなのかというビジョンがかすんでしまう。

　インタビュー調査から明らかになったのは，労働党政権のECEC政策では「子どもの貧困を断ち切る」という大きな政策ビジョンが掲げられたものの，一方でその傘下ではさまざまな政策目的・論理が並立しており，これらを整理し政権としての首尾一貫した政策アジェンダを明示することができなかったことである。

　その背景には，図5－2のとおり，とりわけ労働党政権の第1期において主要大臣のあいだで政治的課題や個人的な価値観の衝突があった。具体的には，就学前教育を重視したデイビッド・ブランケット教育雇用相，ジェンダー平等の観点から保育サービスの拡大を重視したハリエット・ハーマン社会保障相，そして母子支援の観点からシュア・スタートなどの福祉サービスを重視したテッサ・ジョエル保健担当大臣らの分立である。さらに，これら複数のアジェンダをまとめるべき立場にある，政府トップの首相と財務大臣もそれぞれ異なる政治的課題をもっていた。すなわち，トニー・ブレア首相の家族・教育政策への関心に対して，ゴードン・ブラウン財務相の雇用への関心である。[22]

　これらのアジェンダは必ずしも相互排除的ではないものの，どれを重視するかによって政策のあり方はずいぶんと異なったものになりうる。たとえば，

親のフルタイム就業を支援するためには半日の就学前教育のみでは不十分で，全日の保育サービスが重要となる。一方で，子どもの発達の向上にとっては，保育サービスの提供時間よりもその内容や質が重視されるべきだろう。また，母子への早期介入だけが目的であれば福祉的な支援サービスで十分かもしれないが，同時に親の就業支援もめざすのであれば保育サービスの供給も必要となる。

　このような衝突に対して，できるだけ多くのアジェンダを包摂するのであれば，調査協力者［In. 6　学術研究者］が述べたとおり，互いに共通する戦略を練る必要がある。あるいは，アジェンダのすべてを同時に実現することがむずかしい場合には，各アクター間の議論をとおして優先順位を決め，段階的に取り組んでいくという方策も考えられる。しかし注目すべきは，労働党政権においてはこのようなプロセスが回避されたという点である。そのためECECサービスに関連する複数の領域が，近づきつつも完全に交わることはなく，並行して展開されつづけるという結果を招いた。

　さらに，このような政府の初期における判断・選択は，政権第2期において教育・保育・福祉サービスを統合しようとする動きにもマイナスの影響を及ぼした。第2期には，先述のワーキング・グループのメンバーであったマーガレット・ホッジ子ども担当大臣の主導もあり，シュア・スタートはチルドレンズ・センターとして再編成され，教育・保育・福祉の統合的なサービスを普遍化（全国展開）することが試みられた。

　しかしながら，この動きに対しても政府内から，さらにはシュア・スタートの当初の目的に共鳴していた現場関係者，公的セクターと利用者の獲得競争をすることになる民間・ボランタリーセクターなど多方面から不満の声が上がり，結局，統合的な公的サービスを全国的に展開し，普遍化するまでには至らなかった。

　つまり，複雑にからみ合う政策アジェンダや各アクターの個人的な価値観などを，第1期のはじめの段階で整理し合意形成に導くことを試みず，それ

ぞれの大臣が自身の「小さな帝国」[In.11 シンクタンク研究員]を維持することによって問題を回避したことが，第2期に入ってより本格的な統合が試みられたさいにも尾を引いたといえる。

（3）社会・文化

　調査協力者によって指摘されたもう1つの側面は，子育てに関する社会文化的な考え方の違いである。イギリスでは伝統的に子育ての第一義的責任は親（家庭）にあるとされ，こうした理由から保守党政権時代には，政府は子育ての領域に介入することに慎重な姿勢をとりつづけてきた。労働党政権下でも，親の育児責任に向けられた基本的な考え方は緩和されるどころか，むしろ強化されたともいえる。

　その背景として，この時期には科学的根拠に裏づけられた研究成果が次々と刊行され，親の育児能力（parenting skills）や家庭の学習環境（home learning environment）がいかに子どもの発達に影響を与えるか，という議論が注目を集めていた。このような研究が労働党政府の政策形成に及ぼした影響も大きく，ECECサービスの目的はより「社会的・集団的」な子育て責任の共有という方向ではなく，「親がより良い親になること」に向けられていった。[23]

　しかしながら，労働党政権が前保守党政権と比べて明らかに異なっていたのは，こうした親の育児責任を「公的にサポートする」スタンスを打ち出し，政策を展開した点である。そのため支援の対象者には子どもだけでなく親も含み，これがイギリスのECECサービスにおける1つの特徴に帰結したともいえる。

　筆者ははじめ，親の育児能力や家庭の環境などに介入する政策には，研究者やロビー団体，あるいは親自身からかなりの抵抗があったのではないかと予想していたが，インタビュー調査では，意外にもそうした声はあまり聞かれなかった。たとえば，政策関係者はシュア・スタートを親からの人気がきわめて高い施策として評価していた。また主要なロビー団体も，ECECサー

ビスが親の育児支援を積極的に行うことに関して肯定的な見解を示した。

　こうした点から，イギリスでは「子育ての主な責任は親にある」という考え方が，依然として広く社会一般に受け入れられていることが推察される。社会文化的な考え方が「親ではなく子どもを中心とした支援」を支持しない限り，政策がこの方向に進んでいくことは考えにくい。なぜなら，国民の選好とのギャップが大きすぎる政策は成功しないだろうし，そもそも政策として国民の支持を得られないと思われるからである。

　したがって，イギリスにおける伝統的な「子育て観」が大きく変わらなかったこともまた，「北欧型」ECECシステムへの移行に向かわなかった1つの要因であるといえよう。

7　アイディアの合意・共有が不可欠

　本章では，なぜイギリスが「稼得とケアの調和モデル」の3つの政策理念型のうち，タイプⅠ・Ⅱに移行する経路をとらなかったのかを明らかにするため，労働党政権下におけるECEC政策の展開過程を分析した。

　その結果，明らかになったことは，まず労働党政府は「北欧型」ECECシステムに注目しており，現地視察などを通じてこのシステムの利点は認識していたことである。また，労働党政権の成立前には，「北欧型」システムを推進し，実際にイギリスでの導入・実施方法について検討していたワーキング・グループが存在したことも明らかになった。

　しかしながら，このようなアイディアやアクターの存在にもかかわらず，「北欧型」ECECシステムへの移行は実現しなかった。このような移行を阻んだ要因としては，次の3点に要約できる。

　第1に，歴史的な「政策遺産」によってもたらされた財政やインフラなどの制約の問題である。労働党政権は「オールドレイバー」からの脱却のための緊縮財政の選択や，建物や人材などの不足という制約を抱えながら，サー

表5-3 インタビュー調査協力者の概要（ECEC政策）

In. 1	学術研究者	専門はECEC政策・実践。ECEC関連ロビー団体全国ネットワークの元理事長。
In. 2	学術研究者	専門は家族・子ども政策。
In. 3	教育雇用省・元官僚	教育雇用省の元官僚。労働党政権下ではシュア・スタート事業の創設に深くかかわった。
In. 4	ロビー団体職員	ECEC・家族政策に関するロビー団体の政策研究員。
In. 5	学術研究者	専門は家族・子ども政策。下院の省別特別委員会（教育委員会）の顧問を務める。
In. 6	学術研究者	専門はECEC政策・実践。1980～90年代にかけて複数の労働党議員（マーガレット・ホッジ，ヒラリー・アームストロング，ハリエット・ハーマン，デイビッド・ブランケットなど）のインフォーマル・アドバイザーを務めた。「北欧型」ECECシステムの導入を検討するワーキング・グループのメンバー。
In. 7	学術研究者	専門は家族・ジェンダー政策。
In. 8	ロビー団体職員	子どもの福祉に関するグローバル・ロビー団体のイギリス政策研究部長。
In. 9	ロビー団体職員	子どもの福祉に関するロビー団体の政策研究副部長。
In.10	学術研究者	専門はECEC・家族政策。「北欧型」ECECシステムの導入を検討するワーキング・グループのメンバー。
In.11	シンクタンク研究員	中道左派シンクタンク理事。労働党政権下で首相官邸政策ユニット（Number 10 Policy Unit）政策立案責任者，トニー・ブレア首相の政策アドバイザーも務めた。
In.12	シンクタンク研究員	中道右派シンクタンク代表理事。
In.13	ECECコンサルタント	フリーランスのECECコンサルタント。「北欧型」ECECシステムの導入を検討するワーキング・グループのメンバー。マーガレット・ホッジとは友人・同盟関係。

注：In.11とIn.12の調査協力者は「柔軟な働き方」制度に関するインタビューにも参加した。
出所：筆者作成。

ビス供給量の急速な拡大をめざしたため，公的セクターを中心とする「北欧型」システムは現実的な選択肢とならなかった。

　第2に，労働党政府内の主要なアクター間における政策アジェンダの衝突である。ECEC政策が包含しうる多様な政策目的について，政府内で議論・合意されることなく政策が展開されていったことで，「北欧型」のような教

育・保育（や福祉）の統合的サービスの実現は阻まれた。とりわけ，政権の初期に合意形成に取り組まなかったことにより，その後「北欧型」への軌道修正が試みられた際にも，各方面から反発を招き，抜本的な改革には至らなかった。

　第3に，「子育ての責任は親にある」という考え方が依然として広く社会一般に根づいていたことである。労働党政権は子育てに関する親の責任を正面から問い直すことはしなかったが，親の責任を公的にサポートする姿勢をみせた。これに対して親自身やロビー団体などからおおむね好意的な評価が聞かれたことは，「北欧型」に移行するための社会文化的な「子育て観」の地盤がイギリスにはまだなかったものと思われる。

　以上のようなイギリスの経験が示唆するのは，次のような点である。すなわち，政策転換のためには，ECEC政策に関する政策目的・論理・手段についてアクター間で認識枠組み（アイディア）が合意され共有されていることが重要だということ。そして，その共通のビジョンにもとづき，資源の投入も含め強力に政策を推進していくことが必要だということである。そういったことなくして，過去からの「政策遺産」を乗り越えて，「北欧型」ECECシステムという新しい方向に政策を転換していくことはむずかしい。

注

⑴　「アイディア」という用語はしばしば比較政治学の領域で用いられる。それは「（政治的）主体によって間主観的に共有される信念や認識枠組，そして具体的な政策案までを含む広い概念」（辻 2012：6）である。「アイディア」がいかに受容されるのかというアクター間の相互作用プロセスが，制度変化の動態的分析にとって鍵になるとされる（Schmidt 2002；近藤 2006）。

⑵　イギリスにおける義務教育の開始年齢は5歳である。

⑶　保育サービスの利用料補助は「就業タックス・クレジット（Working Tax Credit）」の一部であり，親の週16時間以上の就業が受給要件となっている。ひとり親ではない場合，「両親ともに」16時間の就業が必要とされた。また「就業タックス・クレジット」に加えて，親の就業の有無にかかわらず子どものいる

低所得世帯に給付される「児童タックス・クレジット（Child Tax Credit）」も
導入された。

⑷ 「過程」に触れている貴重な研究として，Lewis（2013）は政策変化の「漸進
性」に着目し，1960～2000年までのイギリスECEC政策の展開を分析した。そこ
では，戦後イギリスでは母性神話の残存などによって子育ては家庭の責任とす
る考え方が強く，政府がこの領域に介入しなかったため多様なセクターによる
自発的なサービス供給が発達した経緯が明らかにされている。ただし，ECEC政
策に注力した労働党政権においてもなおその経路が断たれなかった理由や背景
については十分に論じられていない。それは，研究方法として公式的な政策文
書や記録のみを論拠としているため，公式資料には上がってこない，あるいは
それ以前の段階におけるアクターの動きや議論の過程を捉えられていないこと
が，原因の1つであると思われる。

⑸ 教育雇用省政務官（1998～2001年），教育技能省（前教育雇用省）生涯学習・
高等教育担当大臣（2001～03年），教育技能省子ども担当大臣（2003～05年），
労働年金省労働担当大臣（2005～06年）を歴任。2006年以降はECEC政策とは直
接関係しない役職に異動した。

⑹ これには学校併設のナーサリー・クラス，公立のナーサリー・スクール，公
立・民間保育所，チャイルドマインダー，ボランタリーのプレイグループなど
が含まれる。各供給主体については埋橋（2007：85-87）に詳しい。また，すべ
てのセクターでECECサービスの質を担保するため，規制と監査を強める方向性
が打ち出された。

⑺ この公的支出の増加の背景には，先述したマーガレット・ホッジ教育雇用省
政務官が財務省を説得したことにある，と調査協力者の1人は述べた。「マーガ
レットは，この領域に投資してより良いECECシステムを構築することには，親
の就業を促進し，福祉への依存を減らし，税収の増加も見込めるというメリッ
トがあると強調し，財務省を説得したんです」[In.13 ECECコンサルタント]。
また，「公的支出に関する合意が形成されてからは政府内でのECEC政策の優先
度はさらに高まり，2005年の総選挙までにはECEC政策は『福祉国家の新たな
腕』として議論されるようになった」[In.11 シンクタンク研究員]という。

⑻ ほかの調査協力者も同様の見解を述べた。ただし，調査協力者によって「第
三の道」[In.12 シンクタンク研究員]や「現代的な社会民主主義」[In.11 シン
クタンク研究員]など異なる表現が用いられた。

⑼ 地方教育局が管轄する幼児教育サービス。ナーサリー・スクール：2～5歳

を対象とする独立した幼児教育機関。ナーサリー・クラス：3〜5歳を対象とする小学校内の幼児クラス。いずれも教師と保育アシスタントが配置され，半日・全日利用の両方がある（埋橋 2007：85）。

⑽　1998年にすべての4歳児に週12.5時間（2010年には週15時間に拡張）の就学前教育の利用資格を付与，2000年までに5万人の3歳児に，2004年までにすべての3歳児に拡張することを約束した（Randall 2000）。

⑾　ここでは母子の保健，子育て・家庭支援サービス，地域開発などを含む，広い意味でのECECサービスの目的の1つとして「福祉」と表現する。

⑿　ただし，一部統合がなされたものもある。たとえば，1998年に保育の管轄は教育雇用省に統合され，2000年以降は監査やカリキュラムについても就学前教育と保育の境界が取り除かれた（Moss 2014）。

⒀　女性担当大臣を兼任（1997〜98年）。

⒁　1997〜2001年。

⒂　1997〜99年。

⒃　Inter-Departmental Committee on Childcare（DfES et al. 2002）。

⒄　2002年にシュア・スタートは教育技能省（前教育雇用省）・保健省の共同責任事業から教育技能省・労働年金省の共同責任事業に移行し，シュア・スタート部門（Sure Start Unit）は幼年期部局（Early Years Division）と保育部門（Childcare Unit）と合併した。この運営主体における動きからも，就学前教育・保育との連携を強化する強い意図があったことがみてとれる（Lewis et al. 2011）。

⒅　地方自治体における政策決定の指揮をとる役割。地方議会からの指名を受け，内閣（Cabinet）と呼ばれる組織を形成し政策決定を率いる（ロンドンカウンシルHP：http://www.londoncouncils.gov.uk，2017.6.3）。

⒆　ブランケットはこの時期にはすでに教育雇用省から異動していたが，依然としてこの議論に深く関与していた［In.11 シンクタンク研究員］。

⒇　貧困地域では朝8時から夕方6時まで，年48週間の教育・保育サービスの供給が義務づけられたのに対し，それ以外の地域ではこのような義務はなく情報提供などにとどまる地域が多かった（Lewis et al. 2011）。2010年時点で，全日保育サービスを供給する1万6700供給主体のうちチルドレンズ・センターはわずか800であった（Brind et al. 2011：20）。

㉑　たとえば，「幼児教育の効果的供給に関するプロジェクト（Effective Provision of Pre-School Education：EPPE）」（1997〜2003年）では，家庭内で

　親が子どもに行う教育的行為（読み聞かせ，一緒に歌を歌う，文字や発音を教
　えるなど）が，社会・教育的階層を超えて子どもの発達に効果的であるという
　結果が示された（Sylva et al. 2004）。

⑿　図5-2では，ブラウンは就業率の上昇のための保育サービス拡大に関心が
　あったと同時に，シュア・スタートは財務省主導の施策であったことから，「保
　育」と「福祉」の中間に位置づけた。

⒀　しかも，このような根拠にもとづく施策は（とりわけ第1期では）主に貧困
　地域に向けられたものであったため，その根底にある階層的な認識に対する批
　判の声も一部ではみられた（Clarke 2006）。

第6章

「柔軟就労型」への移行

1　本章の目的

　前章では労働党政権のECEC政策の分析をとおして，「稼得とケアの調和モデル」の3つの政策理念型のうち，なぜイギリスはタイプⅠ・Ⅱへの移行経路をとらなかったのかについて検討した。それを踏まえて，本章の目的は，イギリスがいかにして「タイプⅢ：柔軟就労・共同ケア型」に向かう経路をとったのかを明らかにすることである。

　「タイプⅢ：柔軟就労・共同ケア型」の特徴は，勤務時間の短縮などを含む通常の働き方の柔軟性を高めることにより，親が育児期をとおして労働市場にとどまることを志向する点であった。このタイプでは，父親と母親の両方に対して「柔軟な働き方」を促進する政策が重要となる。

　「柔軟就労・共同ケア型」の典型国として位置づけられたオランダでは（第3章），2000年にすべての労働者を対象とした「労働時間調整」制度が導入された。また，その際政策目標として明示されたのは，「コンビネーション・シナリオ」と呼ばれる，男女ともにフルタイムの75％ずつ働き（よって夫婦で150％），ケア役割も均等に共有するという，ジェンダー均等モデルの実現であった（Lewis et al. 2008）。

　一方，後述するとおり，イギリスでは2003年に6歳未満の子ども（18歳未満の障害児）をもつ親を対象とした「柔軟な働き方」制度が導入された。しかし，イギリスの労働市場はもともと「ボランタリズム」，すなわち労使自治

に則っており（Fagan and Lallement 2000），国家による法的規制を好まない。[2]
さらに，オランダのような政労使協調（コーポラティズム）の伝統もなく，労使は歴史的に対立関係にあるうえ，保守党政権下の1980年代以降は労働組合の弱体化が進んだ（小宮 2001）。また，イギリスではオランダと異なり，ジェンダー均等モデルの実現は政策目標として強く打ち出されなかった（Lewis and Campbell 2007）。

　以上を踏まえて本章では，次の2点のリサーチ・クエスチョンにせまる。すなわち，(1)なぜイギリスで「柔軟な働き方」制度は新規立法として成立しえたのか。(2)なぜジェンダー均等モデルは政策目標にならなかったのか。これら2点の検討を通じて，イギリスがどのように「タイプⅢ：柔軟就労・共同ケア型」への移行経路をたどったのかを明らかにできるだろう。

　結論を先取りすれば，(1)「柔軟な働き方」制度の成立は，その形成にかかわった多様なアクターによる相互作用があり，その過程における複雑な交渉と妥協を経てはじめて可能となったこと，また(2)ジェンダー均等モデルの明示を阻んだ要因として，労働党政府やロビー団体において「父親のケア役割推進」というアイディアに懐疑的な見解をもつ勢力が存在したことが明らかになった。

2　イギリスの「柔軟な働き方」制度

（1）「柔軟な働き方」制度の展開

　イギリスでは，2003年4月から「柔軟な働き方」制度が導入された。表6－1のとおり，当初は6歳未満の子ども（18歳未満の障害児）をもつ親に，雇用主に対して柔軟な働き方の「申請する権利」を付与するものであった。[3]その後，2006年就業家族法（Work and Families Act 2006）では対象者をさらに拡大することが制定され，2007年にはすべての介護・看護者，2009年には17歳未満の子どもをもつ親も対象となった。さらに保守・自由民主党連立政権

表6-1 「柔軟な働き方」制度の内容と変遷

施行年	2003年	2007年	2009年	2014年
適用対象	6歳未満の子をもつ親 (18歳未満の障害児)	すべての介護・看護者	17歳未満の子をもつ親	すべての労働者
内　容	柔軟な働き方を申請する権利			
使用者の権限	適正な手続きを経て，業務への影響に関する合理的理由を提示すれば拒否できる			
労働者の権限	申請の検討過程（結果ではなく）に対して不服申立てができる			
対象企業	全企業			

出所：英国法令関連HP（legislation.gov.uk）より筆者作成。

下の2014年には，適用対象がすべての労働者に拡大され，ケア責任の有無にかかわらず申請できるユニバーサルな制度となった。

　ビジネス・イノベーション・技能省の調査によると，2011年時点で92％の被用者が自身の職場に1つ以上の「柔軟な働き方」の選択肢があると答えており，そのうちの68％（全労働者の60％）は実際に「柔軟な働き方」を利用している（BIS 2012）。また，申請の90％以上が受け入れられており，この制度が労働者だけでなく雇用主からも前向きに受け止められていることがわかる（ibid.）。

（2）イギリス「柔軟な働き方」制度の特徴

　イギリスの「柔軟な働き方」制度は，柔軟な働き方を「する権利」ではなく「申請する権利」である。労働者が雇用主に対してこれを申請した場合，雇用主は申請を真摯に検討する義務を負う。雇用主は申請を拒否することも認められているが，その場合は業務への影響に関する合理的理由を，適正な手続きを経て書面で提示する必要がある。[4]　また，はじめからすべての労働者を対象とせずに段階的に対象者を拡大したこと，労働時間の変更だけではない多様な働き方の選択肢があることも，イギリスにおける「柔軟な働き方」制度の特徴だといえる。[5]

　このような政策の展開や特徴について先行研究では，上記に示したような

事実のみが叙述される傾向にあり，「なぜそうなったのか」という視点からの検討は十分に行われていない。たとえば，Lewis and Campbell（2008）は政策文書の分析から，労働党政府が設置した「仕事と親に関する特別委員会（Work and Parents Taskforce）」において労使双方が合意したと述べているが，その過程でどのような議論がなされたのかについては明らかではない（Lewis and Campbell 2008：532-553）。しかし，先述したように，とりわけコーポラティズムの伝統のないイギリスにおいては，労使双方が合意に至り制度が成立するまでの過程には，さまざまな攻防や駆け引き，交渉が存在することが予想される。

また，「柔軟な働き方」はイギリスでは終始「ジェンダーニュートラル」な文脈で議論されたという指摘があるが（Lewis and Campbell 2007），この点についてもその内実は明らかにされていない。[6]したがって，以上のような先行研究の現状を踏まえ，本章では政策形成の「過程」に焦点を当てることで，先のリサーチ・クエスチョンにせまりたい。

3　「柔軟な働き方」法制化の過程

（1）政府の主導

「柔軟な働き方」は，1997年に労働党が政権に就いたことではじめて重要な政策課題として認識されるようになった。「それ以前にも労働組合や家族政策領域で活動する団体などが，働く親のニーズに合った多様な働き方の導入を政府に要求してきたが，保守党政権はこの問題に関心がなかった。一方，労働党政府にはこうした要求に耳を傾ける意欲があった」[In. 4　TUC職員]。

しかし，働き方の見直しの問題は政策課題として認識されたものの，はじめのうちは個々の企業による自主的な取り組みの推進にとどまっていた。そうしたなか，「柔軟な働き方」の法制化への歩みを進める起爆剤となった事柄として，当時の官僚は，2001年にパトリシア・ヒューイット（Patricia

Hewitt）が通商産業大臣に就任したことを挙げた。⁽⁷⁾

　　ヒューイットは通産省に来て，はっきりとこう言いました。「このやり
　方（企業の自主的な取り組みの推進）では問題は早急に解決されない」。そし
　てどうすることが最良か，彼女自身の考えはあったようですが，かといっ
　て母親，父親，使用者たちの意見を侵害したくないとのことだったので，
　わたしたちは企業の代表者やロビー団体を招いて一連の円卓会議を実施し
　ました。実はわたしたちは，はじめはパートタイム労働を検討していたの
　ですが，かれらの話を聞くなかで9時から5時の就業モデルに縛られない
　柔軟な働き方への強い要望があることがわかりました。[In. 1 官僚]

　これを踏まえて政府が2001年6月に発足させたのが，「仕事と親に関する
特別委員会（Work and Parents Taskforce）」（以下，「委員会」という）である。
この委員会は，労使それぞれの代表，第三者（機会均等委員会，ロビー団体），
委員長を含む計10名で構成された。⁽⁸⁾また，これを発足させた時点で「政府は
すでに法制化することを決めていたため，委員会の役割は実施面における詳
細を詰めること」[In. 6 委員長]であったという。
　以上の流れから，「柔軟な働き方」の法制化は政府が主導し，「委員会」が
制度内容の詳細を検討・決定した，という過程がみえてくる。

（2）「仕事と親に関する特別委員会」における攻防

　では実際に，制度内容の詳細は「委員会」でどのように決定されたのだろ
うか。インタビューから，図6－1のような，交渉の過程（矢印の方向）と
主な争点が浮かび上がった。
　まず，使用者側はもともと柔軟な働き方を法制化すること自体に反対して
いた。一方の労働者側は，柔軟な働き方の「実体的権利」をすべての労働者
に保障することを望んでいた。「実体的権利」とは，労働者の申し出に対し

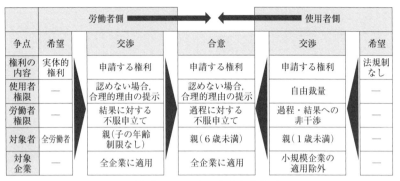

争点	希望	交渉	合意	交渉	希望
権利の内容	実体的権利	申請する権利	申請する権利	申請する権利	法規制なし
使用者権限	—	認めない場合,合理的理由の提示	認めない場合,合理的理由の提示	自由裁量	—
労働者権限	—	結果に対する不服申立て	過程に対する不服申立て	過程・結果への非干渉	—
対象者	全労働者	親(子の年齢制限なし)	親(6歳未満)	親(1歳未満)	—
対象企業		全企業に適用	全企業に適用	小規模企業の適用除外	—

図6-1 協議における主な争点と合意プロセス

出所:筆者作成。

て使用者は拒否することができない労働者側の強い権利,すなわち柔軟な働き方を「する権利」を意味する。

使用者側は,反対の理由として,皆が一斉に働き方を変更したら企業は対応できないという懸念を示した。しかしながら,第三者として参加していたワーク・ライフ・バランスに関するロビー団体は,法制化が議論される以前から企業の自主的な取り組みをコンサルティングしてきており,「10年以上実践している企業においても使用者側が懸念するような事態は起こっていなかった」[In.5 ロビー団体職員] という。こうした実践上のエビデンスもあり,使用者側は「委員会」において最低限の権利であれば認めるという姿勢に歩み寄りをみせた。

他方で労働者側も,「実体的権利」は理想ではあるが「使用者側がこれを受け入れるはずがないので,はじめからこれを要求することはせず,勝ち得る権利のなかで最善のものをめざした」[In.4 TUC職員]。このような双方の歩み寄りと妥協によって,柔軟な働き方を「申請する権利」という合意が生まれた。

さらに,協議のなかでは小規模企業を適用除外とすべきかどうかについての議論もなされた。だが先述のとおり,労働者の申請に応えることがむずか

しい場合には使用者はこれを拒否することができ，また「小規模企業でも柔軟な働き方をうまく実践している事例がたくさんあったため，使用者側からそれほど大きな反論はなく」[In. 4 TUC職員]，小規模企業を含む全企業に適用することで合意した。

また，小規模企業の代表者には，「優秀な人材の確保のためには男女両方に雇用機会が開かれている必要があるため，人口の半分に対して小規模企業では保障されている権利が少ないと印象づけることは避けたいという考えがあった」[In. 1 官僚]ともいわれる。

このようにして協議は進められたが，交渉は決して一筋縄ではいかず，最終的な合意に至るまでの5か月間にはさまざまな紆余曲折があった。「委員会」で仲介役を務めた委員長と官僚は，この協議がいかに大変なものであったかを強調した。

いままで多くの協議を仲介してきましたが，これは本当に大変でした。通常の労使間協議では，要求のすべてを勝ち得ないことは両者ともわかっているので交渉と妥協には慣れているんです。しかしこの委員会には，これまで主に女性の問題を推し進めてきた第三者が入っており，かれらは妥協することに慣れていませんでした。さらに複雑なことに，使用者代表の1人は，自分の立場とは反対であるはずの第三者の肩をもつような主張をしました。この代表は女性だったので思い入れが強かったのでしょうね。[In. 6 委員長]

協議は，信じられないくらい本当に論争的なものでした。委員会は最終報告書の作成に至る段階で決裂しかかっていたので，全会一致にもっていくために，わたしと委員長はあらゆる手を尽くさなければなりませんでした。[In. 1 官僚]

147

　このような発言から，「委員会」はいろいろな立場や個人の考えが入り乱れて，その交渉過程はかなり複雑であったことが読みとれる。またこの官僚の発言どおり，交渉は最終段階に入って決裂の危機に直面していた。ここで問題となった争点は，(1)使用者および労働者に与えられる権限の強さ，(2)適用対象者の範囲についてである（図6－1参照）。

　(1)使用者および労働者の権限について，労働者側の要求は，使用者が申請を拒否する場合，合理的な理由を提示しなければならないうえ，労働者がこの結果に不服であれば労働審判においてこの結果の適正を裁定されることであった。他方で使用者側は，申請に対する使用者による検討の過程・結果については，できるだけ自由裁量に任せることを要求した。また(2)適用対象者の範囲についても，労働者側が子どもの年齢を問わず，すべての親への適用を求めたのに対し，使用者側の要求は子どもが1歳未満の親に限定するというものであった［In. 4　TUC職員］。

　では，このような両者の要求の隔たりにもかかわらず，いかにして最終的に合意までたどり着いたのだろうか。この交渉決裂の危機から最終的な合意に至る過程で，決定的に重要な役割を果たしたのは，仲介役である委員長と官僚である。

　　このような交渉事ではよくあるやり方で，双方を別々の部屋に入れ，わたしが調停者としてあいだに入りそれぞれと交渉するんです。「あなた方がこれを受け入れるなら，使用者側はこれを受け入れる用意がありますよ」とか，さらには「この点についてはわたしが労働者側を説得できると思います」といった方法で交渉を詰めていきます。そのときに強調することは2点です。1つは，わたしたちが全会一致の報告書を提出すれば，政府がその内容に反対することはまずない。しかし，それができなければ（「少数派」と「多数派」の2つの報告書となれば），政府は政府の思うとおりの法案をつくるということ。もう1つは，最低賃金のときもそうでしたが，

まずは原理を確立することを何よりも優先させること。つまり，希望する
到達地点よりも下であったとしても，まずは実現可能なところから始めて，
この制度が問題なく機能することが証明されれば徐々に拡大していける，
ということです。[In. 6 委員長]

またそれと同時に，官僚はこうした状況を政府に報告し，問題の争点につ
いて政府の見解を聞いた。

　政府の見解はかなりはっきりしていて，労働者の申請が拒否される可能
性がある場合は，申請が使用者によって真摯に検討され合理的な理由が書
面で提出される，というものでした。ですので，もし政府が法案をつくる
ことになればこのようなかたち，つまり労働者側の求めるほど強い法的規
制にはならないと思われました。[In. 1 官僚]

ただし，こうした政府の見解は「委員会」に公式的に伝えられたわけでは
ない。あくまで協議は「委員会」の自律性に任されていた [In. 4 TUC職員]。
とはいえ，労働者側は「官僚や大臣，政治顧問（political advisors）らとの非
公式な会話をとおして，政府はそこまでやる気はないということがわかった
ので，これ以上自分たちの要求を推し進めても無駄だと思い」[In. 4 TUC職
員]，妥協することにした。そしてこれを受けて使用者側も譲歩し，労働者
権限については「申請の検討過程に対する不服申立て」で合意に達した。
　また，適用対象者の範囲についても，前記のような委員長の助言・調停を
経て双方が妥協し，6歳未満の子どもがいる親を対象とすることで合意した。
さらに最終報告書には「施行後は制度の実施状況を観察し，対象者の拡大も
視野に入れ3年後に制度の見直しを行う」との一文が加えられた [In. 4
TUC職員]。この最終的な妥協・合意の結果について労働者側の代表は，「労
働者にはより強い権限を勝ち得たかったですが，これは叶いませんでした。

でも，子どもの年齢を6歳まで引き上げられたことには非常に満足していました」［In.4 TUC職員］と語った。

　以上のような交渉と妥協の過程を経て，「委員会」は全会一致の最終報告書を政府に提出し，この報告書の内容がほぼそのまま「雇用法案2001-02」として反映された。そして法案が可決・施行されてからは，使用者側が当初懸念したような支障も出ることなく，対象者の範囲も拡大され続けることとなった。

4　「父親のケア役割」の欠落

　こうして「柔軟な働き方」制度は成立したが，制度の主な利用者は母親を暗に前提として議論は進められていたことが，多くの調査協力者から指摘された。前記の委員長の発言のなかでも「女性」という言葉がくりかえし使われており（147頁），子育てをしながら働くための働き方の見直しは，主に「母親の問題」として認識されていたことがわかる。

　「委員会」に参加していたロビー団体の職員はこう振り返る。「当時，父親のケア役割については議論からすっかり抜け落ちていました。『柔軟な働き方』は，（母親の両立を進めて）父親の役割についての議論を意図的に避けるための制度だと考える人もいるくらいです」［In.5 ロビー団体職員］。

（1）2つの対抗勢力

　では，なぜ父親のケア役割については，「柔軟な働き方」の法制化の過程において議論されなかったのだろうか。この点に関して，父親と母親のより均等なケア役割の共有を提唱してきたロビー団体の代表は，労働党政府の内部において，「父親のケア役割の推進」と「ケア責任の多くを担っている母親の支援」という，異なる立脚点に立つ2つの勢力があったことを指摘した。

　図6-2に示したとおり，1つの勢力は，前節で「柔軟な働き方」の法制

化を主導したキー・アクターとして挙げられたパトリシア・ヒューイット通産相である。彼女は「ジェンダーの問題に関して非常に進歩的な考えをもった人」[In. 8 ロビー団体理事]で、ケア責任は男女でより均等に共有される必要があると考えていた。同様の考えをもつ主要アクターとして、ベバリー・ヒューズ（Beverley Hughes）子ども・青少年・家庭担当大臣の名も挙がった。ヒューズに関しては、「彼女自身の境遇において主に夫が子どもの面倒をみていたということもあり、この問題に非常に熱心だった」[In. 8 ロビー団体理事]。

もう1つの勢力として挙げられたのは、ハリエット・ハーマン法務次官（前社会保障大臣・女性担当大臣）とマーガレット・ホッジ子ども担当大臣である。前章でみたように、2人はいずれも、労働党政権のECEC政策におけるキー・アクターである。彼女たちの基本的な考え方は、「ケア責任の多くを担う女性を支援することが女性のためになる」[In. 8 ロビー団体理事]というものであり、男性の役割変化にはそれほど関心がなかった。

あるロビー団体は、「労働党政権の政策は、男性を危険あるいは問題のある存在、一方で女性を弱者とみなし、よって政策は女性を支援しなければならないという考え方にもとづいていた」[In. 2 ロビー団体理事]と指摘する。このことから、ハーマンらの勢力は、パトリシア・ヒューイットらと同等に、あるいはそれ以上に、労働党政府の政策形成に対して強い影響力をもっていたことが推察される。

さらに、10年以上にわたってこの2つの勢力に挟まれるかたちで活動してきたというロビー団体の代表（男性）によると、2つの勢力は「同盟関係を結ぶ相手として男性を信用するかどうか」[In. 8 ロビー団体理事]という点においても分裂していた。つまり、ヒューイットらを中心とする勢力は、男性にもケアに携わる資質や能力、またケア役割を遂行する意思があるという考えにもとづき、男女が共闘して男性の役割変化を推進しようという姿勢であった。そのため、同様の考えをもつロビー団体と同盟関係を結び、かれら

をあらゆる政策の形成過程に招き入れた。

　その一方で，ハーマンを中心とする勢力は，このロビー団体のように男性がみずから積極的にケア役割の推進を唱道することに対して，「本当は何か有害な思惑を隠しもっている『トロイの木馬』なのではないかという疑いの目を向けていた」[In. 8　ロビー団体理事]という。このロビー団体の代表は，ハーマンらの勢力から強い風当たりを受けた自身の経験を語った。

　　ハリエット・ハーマンが父親役割について議論した記録をみたことがありますか？　たぶん，みつけられないと思いますよ。彼女は取るに足りないことだと思っていましたから。彼女と会合をもったときのことです。会議中ずっと，彼女の視線はわたしの背後の何かに向けられていて，わたしと一度も目も合わさなかったし，わたしの言うことに一言も耳を傾けなかった。明らかに彼女の態度は，「男のくせにこの問題について一体なぜ口を挟まなければならないの？」と言っていました。わたしはこの経験を一生忘れないと思いますよ。本当に最悪でした。[In. 8　ロビー団体理事]

　このように，父親のケア役割推進に対しては，労働党政府の主要な女性大臣のあいだに異なる見解が存在した。しかしながら，明らかな見解の相違にもかかわらず，「２つの勢力のあいだで衝突や分裂が表面化することはなかった」[In. 8　ロビー団体理事]。というのも，「彼女たちはみな互いに友人関係にあり，こうした見解の相違を認めることも，大々的に議論することもなかったからである。したがって，この２つの異なる見解は，あいまいにされたまま現在にまで至っている」[In. 8　ロビー団体理事]。

（2）父親の権利を擁護するむずかしさ

　さらに，こうした父親のケア役割をめぐる異なる見解は，労働党政府内に限ったことではない。ロビー活動の領域においても同様の対立が指摘された

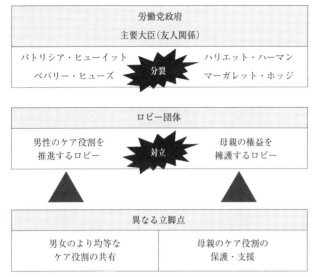

図6-2 父親のケア役割推進をめぐる2つの勢力
出所：筆者作成。

（図6-2参照）。ロビー団体のなかには，「母親の権益を維持ないし拡大することを至上命題としている団体もあり，このような団体は父親の役割（変化）に関して非常に懐疑的で，しかも政策形成においては，父親のケア役割を推進する団体よりもはるかに強い影響力をもっている」[In. 2 ロビー団体理事] ということである。

　しかし，なぜ父親のケア役割を推進する団体は，母親の権益を擁護する団体よりも影響力が弱いのか。その理由についてロビー団体は，次のように述べた。

　父親の権利を擁護して活動資金を調達することは不可能に近いです。なぜなら，父親や若い男性はふつう社会的に不利な集団とみなされないからです。父親は沈黙の集団です。父親による大きな社会運動はありません。先日，娘婿と話していたときに彼はこう言いました。「女性がまだまだ不

利な立場に立たされているのに，男が自分たちの権利を公に要求するなん
てできないよ」。たしかにそのとおりなんですよ。わたしたちの団体も，
設立してからの15年間，常に「父親にこのような権利を与えれば，母親と
子どもの生活が良くなりますよ」と主張しなければなりませんでした。こ
うした権利は父親自身にとってよいことだと主張することは許されなかっ
たんです。[In. 2 ロビー団体理事]

　このように，社会的に不利な集団とみなされにくい父親の役割や権利につ
いて主張することには，政治的なむずかしさを伴うことが指摘された。それ
とは対照的に，社会的な不利や困難を抱えているとみなされる女性（母親）
を擁護することには，世間一般からの理解や活動資金も集まりやすい実態が
推察される。

5　「柔軟就労型」への移行を促進した要因

　ここまで，「柔軟な働き方」の法制化の過程を関係アクターへのインタ
ビューから検討してきた。その結果，イギリスがいかにして「柔軟就労型」
への移行経路をたどったかというプロセスがみえてきた。以下では，冒頭に
示した2つのリサーチ・クエスチョン（(1)なぜイギリスで「柔軟な働き方」制度
は新規立法として成立しえたのか，(2)なぜジェンダー均等モデルは政策目標にならな
かったのか）に照らしながら，この経路を規定した要因について考察する。

（1）多様なアクターのダイナミズム
　なぜイギリスで「柔軟な働き方」制度は新規立法として成立しえたのか。
分析の結果，「柔軟な働き方」制度は，多様なアクターによる複雑な交渉と
妥協の産物であることが明らかになった。
　図6－3に示したとおり，まず「柔軟な働き方」を企業による自主的な取

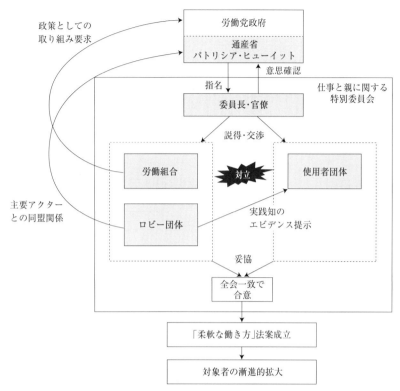

図6-3 「柔軟な働き方」法制化の過程で各アクターが果たした役割
出所：筆者作成。

り組みから1歩進めて法制化の方向に舵を切ったのは，労働党政府であった。また背景には，パトリシア・ヒューイットが通産相に就任したことが，そうした動きの起爆剤となったことが指摘された。より迅速な解決策を求めた彼女の主導によって開かれた，関係アクターを交えた一連の円卓会議において働く親の「柔軟な働き方」へのニーズが浮上し，このことが法制化に向けた動きを加速させたといえる。

次に，前記のような政府の意向を受けて，制度内容の詳細を検討・決定したのは「仕事と親に関する特別委員会」であった。しかしこの協議では，い

くつかの争点に関して労働者側と使用者側の攻防があり，最終段階で交渉決裂の危機に陥るほど緊迫していたことが明らかになった。こうした状況を打開した背景には，労使の間を仲裁する委員長と官僚が重要な働きをしていた。

　具体的には，委員長は最低賃金法成立の成功事例も踏まえ，まずは実現可能なところから合意し，制度の原理を確立することを最優先するよう労使双方を説得した。他方で官僚は，「委員会」と政府のあいだのパイプ役となり，労使双方が譲らずに対立していた争点について「非公式に」政府の見解を匂わせ，このことが労働者側からの妥協を切り開いた。かれらの仲裁を経てこそ，「委員会」は最終的に全会一致の合意に至ることができたと考えられる。

　さらに第三者として参加したロビー団体も，次の2点において重要な役割を果たした。1つは，法制化の本格的な議論が始まる以前から，企業による自主的な取り組みの支援を通じて集積してきた実践知を提示することで使用者側の懸念を払拭し，労使の歩み寄りを促したことである。ロビー団体のそれまでの地道な取り組みによって，この制度が現実にうまく機能しうるという説得力のあるエビデンスの提示が可能になったといえる。

　もう1つは，政府の主要アクターとの同盟関係の構築である。法制化の動きを主導したパトリシア・ヒューイット通産相は，こうした取り組みを推進するロビー団体らと親交が深かった。このことからも，「柔軟な働き方」を法制化する動きは，ロビー団体の活動，あるいは実践的な裏づけに下支えされていたと考えられる。

　以上から，イギリスの「柔軟な働き方」制度の法制化および拡大を成功に導いた要因は，次の3点にまとめられよう。

① 　政府の役割の明確化

　労働党政府は，法制化の方向を主導し関係各者を交渉のテーブルにつかせることはしたものの，制度の内容についてはあくまでその実践にかかわる労使双方の合意に委ねることを貫いた。こうした政府の姿勢には，やはり「ボランタリズム」の伝統を踏襲し，労使の自律的な話し合いを尊重するという

イギリス的なやり方（Fagan and Lallement 2000）がみてとれる。政府による介入よりも労使間での合意こそが，制度としての実効性を高める鍵であるという認識を政府がもっていた可能性は高い。その意味では，政労使協調という新たな局面においても，歴史的な経過，すなわち「経路依存性」（Pierson 2004）としての特性をうまく利用することが重要であると考えられる。ただし，一方で交渉を完全に労使に任せるのではなく，実績のある経験豊富な調停のスペシャリストを「委員会」の委員長に任命したことは，政府の役割として非常に大きかったといえる。

② 仲介役としてのアクターの働き

先述したように，「委員会」において労使の合意に至った背景には，政労使間のパイプ役を担った委員長と官僚の働きが大きかった。とりわけ，委員長による「合意の到達地点が希望よりも低いところであったとしても，まずは実現可能なところから始めることで原理を確立することを優先する」という交渉術は，委員会における全会一致の合意を促すうえできわめて重要であったといえる。逆にいえば，原理の確立のためには，すべてのアクターが合意する内容での実施であることが必須だと考えることもできる。

③ アクター間の公式・非公式な関係

「委員会」において特に労働者側が妥協を決意した背景には，官僚などとの非公式な会話をとおして政府の見解を知り得たことがあった。この点から，政策形成過程における交渉・妥協においては，アクター同士の公式だけでなく非公式な関係性が重大な影響を及ぼすことが考えられる。さらに興味深いことに，実はパトリシア・ヒューイットをはじめ，委員会に参加した官僚，労働者側の代表，ロビー団体の代表の全員が女性であった（使用者側にも女性の代表が1名いた）。ここにどのような「女性アクター間の同盟関係」（Annesley and Gains 2010）が存在し，いかに交渉を円滑にしたかについては，本書の射程を超えるものの，示唆深い点である。

（2）対抗勢力の存在

　次に，なぜジェンダー均等モデルは政策目標にならなかったのか。分析の結果，「柔軟な働き方」に関する議論では，子育てをしながら働くための働き方の見直しは「母親の問題」であることが暗に前提とされており，そのなかで「父親のケア役割」は論点になっていなかった。

　また，その背景として労働党政府内の主要な女性大臣らのあいだに，父親のケア役割推進をめぐって異なる立脚点に立つ2つの勢力が存在したことが明らかになった。一方は，パトリシア・ヒューイット通産相を中心とする勢力であり，男女のより均等な役割共有をめざして，男女が共闘して父親のケア役割を推進することを志向していた。もう一方は，ハリエット・ハーマンを中心とする勢力である。こちらは前者とは異なり，男性の役割変化には懐疑的で，よって現実にケア責任の多くを担っている母親を支援することを志向していた。

　さらに，このような対立は，政府内に限らずロビー活動の領域にも存在した。とりわけ社会的に不利な集団とみなされにくい父親に関しては，父親自身のためにケア役割の希望や権利を主張することには政治的な支持が得られにくいのに対し，社会的な不利や困難を抱えているとみなされる女性（母親）を擁護することには，世間一般からの理解や活動資金も集まりやすい。活動資金の大きさはロビー活動や政策形成における影響力にもつながるため，こうした女性の権益を擁護するロビー団体が，皮肉にも父親のケア役割推進に対する強力な対抗勢力となっていた構図が浮かび上がる。

　以上のような，労働党政府内およびロビー活動における，父親のケア役割推進に対する対抗勢力の存在は，ジェンダー均等モデルを政策目標として明示することを阻む要因となったと考えられる。特に政府内でこのような見解の分裂があれば，稼得とケアをめぐるジェンダー役割について政府としての統一的なビジョンを打ち出すことには，必然的に限界が生じるだろう。

6 アクター間の関係性・相互作用

本章では，イギリスがいかにして「タイプⅢ：柔軟就労・共同ケア型」に向かう経路をとったのかを明らかにするため，労働党政権下における「柔軟な働き方」制度の法制化の過程を分析した。その結果，イギリスの「柔軟な働き方」制度のあり方を規定した要因としては，次の2点に要約できる。

第1に，多様なアクターのダイナミズムである。「柔軟な働き方」制度は，多様なアクターによる交渉や妥協といった紆余曲折を経て，ようやく合意がなされ成立した。その複雑な過程において，政府，労働組合，使用者団体，ロビー団体，政府内の個人，官僚，委員長などのアクターがそれぞれ重要な役割を果たし，その相互作用によって法制化への道が切り開かれたといえる。

第2に，「父親のケア役割推進」というアイディアに対する対抗勢力の存在である。労働党政府，ロビー団体のなかには，稼得とケアをめぐるジェンダー役割について異なる見解をもつ2つの勢力が存在した。それゆえ，父親のケア役割については明示的な論点とならず，このことが，イギリスにおいてジェンダー均等モデルが政策目標として掲げられることを阻み，結果として（暗に「母親」を主な対象者に想定しながら）「ジェンダーニュートラル」（Lewis and Campbell 2007）な文脈での議論に終始した。

以上のようなイギリスの経験が示唆するのは，次のような点である。まず，政策変化に向けた戦略を検討するうえで，多様なアクター間の関係性や相互作用に着目することの重要性である。政策形成過程で政府，労使，ロビー団体，仲介者などの各アクターはどのような役割を果たすべきか，どのような原理・ロジックにもとづき対立するアクターの合意を引き出すか，といった点に関して，イギリスの経験は日本にとっても参考になるものである。

また，ジェンダー均等モデルを政策目標としてどれほど前面に打ち出すかは，そのときの政治や社会の状況に左右される。筆者がインタビューしたビ

表6-2　インタビュー調査協力者の概要（「柔軟な働き方」制度）

In.1	官僚	ビジネス・イノベーション・技能省（前・通商産業省）部長（審議官級）。「仕事と親に関する特別委員会」において仲介役を務めた。
In.2	ロビー団体理事	父親のケア役割を推進するロビー団体の創設者および理事。国内政策へのロビー活動だけでなく，国際的な研究・啓発活動も実施する。
In.3	学術研究者	専門は家族・ジェンダー政策。
In.4	TUC職員	労働組合会議（Trade Union Congress：TUC）書記長補。労働者側代表として「仕事と親に関する特別委員会」に参加した。
In.5	ロビー団体職員	ワーク・ライフ・バランスに関するロビー団体の政策研究員。制度に関する情報提供，雇用主へのコンサルティングなども行う。「仕事と親に関する特別委員会」に第三者（労働者側）として参加（参加者と調査協力者は別人）。
In.6	委員長	「仕事と親に関する特別委員会」委員長。労働党政権下では1997年「低賃金委員会（Low Pay Commission）」の委員長も務め，最低賃金法の立法化にも携わった。
In.7	通商産業省・元官僚	ビジネス・イノベーション・技能省（前・通商産業省）元官僚。労働政策に関する評価チームの部門長を務めた。
In.8	ロビー団体理事	父親のケア役割を推進するロビー団体の理事。国内外においてさまざまな研究・啓発プロジェクトを展開する。労働党政権下のECEC，育休，労働政策などの立案過程に専門家として参加。
In.9	CBI職員	英国産業連盟（Confederation of British Industry：CBI）雇用技能部長。使用者側代表として「仕事と親に関する特別委員会」に参加（参加者と調査協力者は別人）。
In.10	シンクタンク研究員	中道左派シンクタンク理事。労働党政権下で首相官邸政策ユニット（Number 10 Policy Unit）政策立案責任者，トニー・ブレア首相の政策アドバイザーも務めた。
In.11	シンクタンク研究員	中道右派シンクタンク代表理事。

注：In.11とIn.12の調査協力者はECEC政策に関するインタビューにも参加した。
出所：筆者作成。

ジネス・イノベーション・技能省の官僚は，当時のイギリスの状況を振り返り，「社会の認識がまだそこまで行っていなかった（'The world was not ready for it'）」［In.1　官僚］と述べた。政策の望ましい方向性と国民の認識・選好

とのあいだにギャップが存在する場合には，いかにしてこのギャップを埋め
ていくのかが鍵となるだろう。

注

⑴　ただし，オランダでは法制化される以前の1990年代初めから，すでに団体協
　約によって働き方の調整は広まっていたとされる（Fagan et al. 2006）。

⑵　法制化は「最後の手段」といわれるほどである（筆者による元官僚とのイン
　タビューより［In. 7　元官僚］）。

⑶　申請日までに26週以上連続して働いていることが要件である。

⑷　合理的理由として認められるのは，①事業に損害を与える追加費用の負担，
　②現在の従業員間で職務を組み直すことができない，③代替要員を雇用できな
　い，④業務の質および業績への不利益な影響，⑤顧客需要への対応能力に不利
　益な影響，⑥申請された労働時間に果たすべき職務がない，⑦組織の構造的な
　改編の予定がある，などである（英国政府HP, https://www. gov. uk/flexi-
　ble-working/after-the-application, 2017.6.2)。

⑸　たとえば，勤務時間帯の変更，在宅勤務，フレックス・タイム，年間労働時
　間契約制，圧縮労働時間制，ジョブ・シェアリング，シフト労働，時差出勤・
　終業，学期間労働（子どもの学校の休暇中は無給休暇を取ることができる），期
　間限定労働時間短縮などがある（DTI 2003）。

⑹　政策文書上では2000年代から徐々に父親への言及が増えていったが，母親の
　就業や子どもの教育水準の向上が議論の中心にあり，父親のケア役割はこれら
　に影響を与えるものとして手段的に論じられる傾向にあったとされる（Kilkey
　2006）。

⑺　通商産業省は現在のビジネス・イノベーション・技能省である。また当時，
　パトリシア・ヒューイットは女性担当大臣も兼任していた（2001～05年）。

⑻　委員会の男女比は，女性5名，男性5名であった。

⑼　In. 1 官僚，In. 3 学術研究者，In. 5 ロビー団体職員，In. 6 委員長，In. 8
　ロビー団体理事。

⑽　2005～09年（2002～04年は市民権・移民・対テロ担当大臣）。

⑾　同様の見解は，In. 3 学術研究者からも指摘された。

終　章

「稼得とケアの調和モデル」が拓く未来

1　欧州の経験が示す「稼得とケアの調和モデル」への道

　本書は，日本が「男性稼ぎ主モデル」の社会・生活保障システムを克服する必要があるという問題意識から出発した。かつて「男性稼ぎ主モデル」を支えていた前提条件が崩れたいま，このモデルは非常にリスキーであり，また性別役割分業に包摂される以外の多様なライフスタイルの選択肢を人びとに保障しないためである。

　「男性稼ぎ主モデル」の克服には，この問題をジェンダーの視点から見つめなおし，子どもを産み育てる母親や父親，また子ども自身のために，どのような社会・環境を構想すべきか，そしてそれをいかにして構築するのかについて議論することが欠かせない。つまり，いまわたしたちに求められるのは，「男性稼ぎ主モデル」に代わる新しい社会のビジョンと，そこへのロードマップを示すことである。

　本書では，規範論，政策論，動態論という３つの視座を導入することによって，この課題に取り組んできた。３つの視座に１本のシャフトをとおすことで，「男性稼ぎ主モデル」の克服のプロセスをより体系的に捉えることが可能になると考えたためである。

　ここでいう規範論とは，社会のあるべき姿（理念・理想）の「ビジョン」であり，政策の正当性がよりどころとする根拠となるものである。政策論とは，そのビジョンを具現化する「手段」としての具体的な政策パッケージで

ある。動態論とは，その手段が選択・決定されるダイナミズムであり，政策形成過程における「道筋」である。この3つのレンズをとおして，次のようなリサーチ・クエスチョンを立てた。

① 規範論：「男性稼ぎ主モデル」に代わるどのような社会システムをめざすべきか。

② 政策論：そのめざすべき社会システムは，どのような政策によって具現化されるのか。

③ 動態論：その政策は，どのようなプロセスを経て選択・決定され実施に至るのか。

（1）規範論から政策論へ

上記の問いに対して，本書では，同様の社会の変化をすでに経験しそれに対するさまざまな政策的対応を行ってきたヨーロッパに目を向けることが有益であると考え，ヨーロッパ（北欧・西欧）諸国の分析を中心に検討していくアプローチを採った。

まず1つ目の問い《規範論》については，主にジェンダー比較福祉国家研究の領域でこれまで論じられてきたモデル・概念の批判的レビューを行った（第2章）。「男性稼ぎ主モデル」に代わるモデル・概念の候補としてまず挙げられたのは，男女ともに稼得者となることを志向する「両性稼得者モデル」や「脱家族主義化」である。このモデル・概念には「女性の経済的自立」の重要性を明示する強みがある一方で，家族ケアの重要性を看過しケアを「就労への障壁」のように捉える傾向，また家庭内の無償労働とジェンダーに関する規範を有していないという短所がみられた。

次に挙げられたのは，男女の異なる役割を等しく評価することを志向する「ケア提供者等価モデル」である。上記のモデル・概念と比べて，このモデルにはケアの社会・経済的価値を明示するという強みがある。しかし他方で，

既存の性別役割分業を容認する言説に陥りやすいという短所が指摘された。

　そして，このような短所を乗り越えるものとして「稼得とケアの調和モデル（earner-carer model）」が挙げられた。「稼得とケアの調和モデル」は，ジェンダーにかかわりなく男性も女性も，稼得者（earner）とケア提供者（carer）を兼任するという選択を支援し可能にする社会・生活保障システムを指し，次の3点の特徴においてほかのモデル・概念よりも優位であると考えられた。

　　・ケアを「就労への障壁」ではなく「人間の基本的ニード」として捉え，
　　　有償労働と同等に必要なものとして位置づけること。
　　・「稼得とケアの調和」の対象には女性だけでなく男性も重要な主体とし
　　　て含むこと。
　　・女性のライフパターンが男性に近づくのではなく，男性のライフパター
　　　ンを女性に近づけるという実践戦略を明示していること。

以上から，「稼得とケアの調和モデル」こそが「男性稼ぎ主モデル」に代わる規範的モデルとしてふさわしいと結論づけた。

　次に，2つ目の問い《政策論》については，前記で示した「稼得とケアの調和モデル」をビジョンに据え，これを具現化する政策パッケージのあり方を検討した（第3章）。特に，先行研究ではこのモデルと親和性の高い政策パッケージは1つのタイプしか示されていなかったため，その普遍性および実現可能性への疑問から，それ以外の多様な選択肢を探索することを試みた。

　欧州6か国（スウェーデン，フィンランド，ドイツ，フランス，オランダ，イギリス）における，5つの政策項目（(1)税制・社会保障制度，(2)ECECサービス，(3)家庭内・外ケアに対する現金給付，(4)育児休業制度，(5)労働政策）から構成される政策パッケージを比較・分析した結果，「稼得とケアの調和モデル」を具現化しうる政策的アプローチには少なくとも3つの選択肢が存在することが明らかになった。

　本書ではこれを「稼得とケアの調和モデル」の3つの政策理念型として，

新たに提唱した。すなわち，スウェーデンを典型とする「タイプＩ：連続就労・公的ケア型」，フィンランドを典型とする「タイプⅡ：断続就労・（選択的）家族ケア型」，オランダを典型とする「タイプⅢ：柔軟就労・共同ケア型」である（92頁，表4－1参照）。また，典型的とはいえないものの，ドイツとフランスはタイプⅡに，イギリスはタイプⅢにそれぞれ位置づけられた。

　さらにもう1歩ふみ込んで，政策だけでなく，現実において欧州6か国はどれほど「稼得とケアの調和」に近づいているのかを統計データから検証した（第4章）。

　結果として，各国の母親就業の特徴は，3つの政策理念型におおむね合致していた。また，特に北欧諸国では父親のケア役割の遂行が一定程度みられた。さらに3つの政策理念型の典型国（スウェーデン，フィンランド，オランダ）では，親自身の認識・選好としても稼得とケアをめぐる「ジェンダー均等」モデルへの支持が比較的高いことが明らかになった。

　しかしその一方で，現状では欧州諸国においても実質的な「稼得とケアの調和」の実現には至っていない。その実現へよりいっそう近づくためには，とりわけ父親の稼得・ケア役割をめぐる理想と現実のギャップをいかにして埋めていくかが鍵であることが示唆された。

（2）動態論

　以上を踏まえて，3つ目の問い《動態論》について，特定タイプの政策理念型への移行は何によって規定されるのか，その選択・決定のプロセスを明らかにすることを試みた。ここでは欧州6か国のなかでも日本との類似性が高いイギリスに焦点を絞り，労働党政権下（1997～2010年）で構築された政策パッケージが，なぜ「タイプⅠ：連続就労・公的ケア型」や「タイプⅡ：断続就労・（選択的）家族ケア型」ではなく，「タイプⅢ：柔軟就労・共同ケア型」の方向へ進んだのかについて検討した。

　政策形成に関与したアクター22名を対象に，イギリスで実施したキー・イ

ンフォーマント・インタビュー調査の結果，タイプⅢへの移行を規定した要因として以下のような点が明らかになった。

　まず，ECEC政策の展開においては，労働党政府は「北欧型」のような公的セクター中心のECECシステムの利点を認識しており，またこれを推進するワーキング・グループも存在したにもかかわらず，この方向は選択されなかった。その要因として，(1)財政やインフラの制約（歴史的要因），(2)政府内の主要アクター間における政策アジェンダの衝突（政治的要因），(3)親の育児責任の強調と受容（社会文化的要因）の３点が挙げられた。こうした要因が重なり，イギリスにおいて「北欧型」ECECシステムの構築（すなわちタイプⅠ・Ⅱ）への道は開かれなかった。

　次に，「柔軟な働き方」制度においては，この過程にかかわった多様なアクター（政・労・使，ロビー団体，官僚，委員長）がそれぞれ重要な役割を果たし，複雑な交渉と妥協を経ながらも全会一致の合意にこぎつけたことで，法制化への道が開かれた。この動きがイギリスのタイプⅢへの移行を大きく後押ししたといえる。ただし，父親のケア役割の推進をめぐっては政府内やロビー団体間で対立があり，このことはオランダのように「男女間の均等的な役割共有」を政策目標として打ち出すことに対するブレーキとなった。

（3）本書のオリジナリティ

　本書のオリジナリティとしては，次の３点にまとめられる。

　第１に，規範論，政策論，動態論の３つの視座を峻別しながらも連動させたアプローチである。これまでの研究史においては，３つの視座は別々に発展してきており効果的に結びつけられていなかった。本書ではこれらに１本のシャフトをとおすことによって，「男性稼ぎ主モデル」の克服のプロセスをより体系的に捉えたうえで，１つ１つの段階を個別具体的に検討することが可能となった。

　第２に，「稼得とケアの調和モデル」を具現化しうる複数の政策的選択肢

を提示したことである。先行研究で示された政策パッケージに限らない，より多様な選択肢を探索する試みをとおして，「稼得とケアの調和モデル」の3つの政策理念型を新たに提唱した。これにより，「稼得とケアの調和モデル」に向かう複数の移行経路の存在を実証的に示すとともに，理念型間の「質的差異」や「経路転換」をも分析の射程に入れる理論枠組みを提示することで，研究の前進に貢献した。

　第3に，イギリスでの政策関係アクターへのインタビュー調査から，特定の政策理念型への移行経路を規定する要因を明らかにしたことである。先行研究では政策選択・決定の「結果」だけに着目しており，そこに至るまでの「過程」や「要因」はほとんど研究されてこなかった。主要アクターにインタビューするという手法を採用したことで，実際に政策が動く際のリアリティに肉薄した分析が可能となった。

2　日本における移行経路の展望

　以上のようなヨーロッパを主な分析対象とした研究成果は，日本にどのような示唆を与えうるだろうか。欧州諸国における経験の分析から，直接的に日本への示唆を導き出すことには限界がある。なぜなら，日本にはやはり日本特有の課題や文脈があり，わたしたちは諸外国の経験に学びつつも，日本に合った実現可能な解決策を考えていくことが必要だからだ。しかし一方で，先述のとおり，本書は日本における「男性稼ぎ主モデル」の克服の必要性を出発点としていた。したがって，このような限界には自覚的でありながらも，本書の「レンズ」をとおして日本をみることで，今後の展望について考えてみたい。

（1）現実的ルートとしての「タイプⅢ：柔軟就労・共同ケア型」
　本書における知見の1つは，「稼得とケアの調和モデル」の3つの政策理

念型である。この「レンズ」をとおして日本をみたとき，日本が今後とりう
る移行経路としてはいずれのタイプが優勢だろうか。

　筆者の考えとしては，日本が進みうるルートとしてもっとも現実的なのは
「タイプⅢ：柔軟就労・共同ケア型」であると思われる。その理由としては，
大きく(1)財政，(2)経路依存性という2点が挙げられる。

　まず，タイプⅠやタイプⅡに移行するためには，「北欧型」の公的ECEC
システムの構築が不可欠である。しかしながら既述のとおり，イギリスでは，
財政・インフラ不足や供給主体の複合構制（mixed economy）などの経路依
存性，また政治における阻害要因によってこの移行経路は阻まれた（第5章）。
このことを考慮すると，日本においても「北欧型」ECECシステムへの移行
はかなりハードルが高いと考えられる。

　日本の現状では，財政赤字がGDPの2倍以上という深刻な財政難のなか，
待機児童の問題も切迫している。つまり，財政支出を抑えながら急速に
ECECサービスを拡大する必要に迫られているのであり，これはイギリスが
1990年代後半当時に直面していた状況とよく似ている。さらに，日本には官
民協働で保育・幼児教育サービスを提供してきた歴史があり（橋本 2006），
特に2000年以降の規制緩和によって保育サービス供給における民間セクター
の活用が進められてきた。したがって，以上のような日本の与件にかんがみ
れば，イギリスやオランダのように，ECECサービスの財源・供給を多様な
アクターで共同分担する「共同ケア」の方向性がより現実的ではないかと思
われる。

　タイプⅢのもう1つの特徴は「柔軟な働き方」の標準化であるが，労働政
策は労使交渉を中心とした規制的手段であるため（武川 2007），比較的少な
い財政支出でも実現可能である。さらに，最近では「働き方改革」が安倍政
権の「最大のチャレンジ」に位置づけられ，「第4次男女共同参画基本計画」
のなかでは「男性中心型の労働慣行の変革」が第1分野として挙げられた。
少なくともこのような政策動向からは，「柔軟就労」への道が開き始めてい

るような兆しが感じられる。

（2）優先的に展開すべき政策

　このような予想を踏まえて，日本における「稼得とケアの調和モデル」への移行を推進するために，優先的に展開すべき政策を挙げるならば以下の3点であろう。

　第1に，すべての子どもにECECサービスの利用資格を法的に保障すること。これは欧州6か国すべてにおいて導入されている政策手段である。このことは，「稼得とケアの調和モデル」の実現にとってECECサービスを利用できるという選択肢が不可欠であることを示す。特に，母親の稼得役割を支援するためには欠かせない。日本においても「待機児童の解消」という消極的な政策目標にとどまらず，生まれてくるすべての子どもがECECサービスを利用できることを保障する方向を模索すべきである。ただし，対象となる子どもの年齢，サービス提供時間，サービス利用料への経済的支援，財源調達方法などは欧州でも各国で異なっていたように，日本に適合する方法をみつける必要があるだろう。

　第2に，すべての労働者に「柔軟な働き方」を申請する権利を保障すること。これは「柔軟就労型」への移行におけるもっとも重要な政策手段である。たとえば，タイプⅢの典型国であるオランダでは，労働者はケア責任の有無にかかわらず，いかなる理由であっても「柔軟な働き方」を雇用主に申請できる。雇用主には深刻な業務上の問題があることを証明しない限り労働者の要求に応える義務がある（Burri and Aune 2013）。またこれはフルタイムからパートタイムへの変更だけでなく，パートタイムからフルタイムへの変更も含む。[3]

　マタハラ・パタハラの現状などが示すように，子育て中の労働者とそうでない労働者との間に深い溝がみられる日本の現状にかんがみれば，時短勤務や在宅勤務といった「柔軟な働き方」をケア責任のある労働者の特権とせず

に，すべての労働者が選択できるものにすることが重要である。このような働き方があらゆる労働者にとって標準的なものとなることが，ケア責任の有無という分断線をより緩やかにし，ひいては男女ともに稼得役割・ケア役割をより自由に流動的に行き来することを可能にするだろう。

　第3に，父親の育児休業取得に対するより強いインセンティブを導入すること。日本の育児休業制度は政策パッケージのなかでは唯一，比較的高い水準にあり，イギリスやオランダよりも寛大である（60頁の表3−1参照）。ただし，父親の育休取得を推進するしくみとして「給付期間の延長」は欧州のほかの国に比べるとインセンティブとして弱い。父親のケア役割をより強力に推進するためには，北欧諸国のような「父親のみが取得できる期間」や⁽⁴⁾「父親と母親の取得期間が均衡に近づけば近づくほど金銭的インセンティブが増額されるしくみ」などの導入を検討すべきであろう。

　以上のような制度・政策がととのえば，稼得役割・ケア役割は，男性にとっても女性にとってもより自由に選択することが可能なものになる。人びとの生き方やライフスタイルをめぐる多様な選択肢が認められ，保障される社会では，男性や女性といったジェンダーにかかわりなく，個人の価値観やアイデンティティ，あるいはライフコースの変化にもとづいて，稼得役割・ケア役割を選択し遂行することが当たり前になっていくだろう。そのような社会・環境こそ，「稼得とケアの調和モデル」が拓く未来である。

3　今後の研究に向けた課題

　本書において十分に論じることができず，今後の研究に残された課題として以下の2点が挙げられる。

　第1に，本格的な日本研究の必要性である。本書では「稼得とケアの調和モデル」という政策目標を具現化するには異なる方法（複数の移行経路）があることを明らかにした。また，どの経路を選択するかはその国の歴史，政治，

社会などの文脈に大きく影響されることが実証された。したがって，前節において，今後日本はどこに向かっていくのかについて若干の私見を述べたものの，こういった諸点は日本における政策形成過程やそれにかかわるアクターなどに焦点を当てたより綿密な分析をもって実証される必要がある。このような作業を通じて，日本における「稼得とケアの調和モデル」の実現に向けたより具体的な手立て・戦略を検討することが可能になると思われる。

第2に，政策理念型と現実（実態）の関係について分析を深める必要性である。つまり，「稼得とケアの調和モデル」の政策効果（政策評価）に関する検証であり，序章で述べた動態論②にあたる部分である（図序−1参照）。本書では，第4章においてこの課題に一部取り組んだが，よりシステマティックな分析に深化させる必要がある。そのためには，「稼得とケアの調和モデル」の達成度合をいかにして測るのかを吟味したうえで評価の枠組みを構築することが求められる。

このような試みは先行研究における「稼得とケアの調和モデル」の主要な論者によってもいまだなされていない。しかし，こうした枠組みにもとづいて現実（実態）を実証的に把握することで，各政策パッケージの強み・弱みを検証し，政策の実効性をより高めるための改善案を検討することが可能になると思われる。

これらの2点については，今後の研究において取り組んでいきたい。

注

(1) 公的ECECサービスの利用資格を1歳以上のすべての子どもに保障する。

(2) また近年では「3年間抱っこし放題」という3年の育児休業が提案されもしたが，これをもって日本が「タイプⅡ：断続就労・（選択的）家族ケア型」へ移行するとは考えにくい。なぜなら，親による在宅育児が「主体的選択」となるためには，並行してECECサービスの利用資格も保障されなければならないからである。また，3年間の育休終了後にフルタイムとして職場復帰できる環境が整っていることも必須である。現在の日本においてはこの2つの条件が揃って

いるとはいいがたい。

(3) さらに労働時間だけでなく就業場所の変更なども含む，働き方全般に関する柔軟性である。

(4) 父親が取得しなければ家族全体にとってその休業期間が失われる「クウォータ制」（'Use it or lose it' などともいわれる）。また北欧だけでなく，最近ではフランスでも同様のしくみが取り入れられている（65頁参照）。

引 用 文 献

Annesley, C. and Gains, F. (2010) The Core Executive: Gender, Power and Change, *Political Studies*, 58: 909-929.

Anttonen, A. and Sipilä, J. (1996) European Social Care Services: Is It Possible to Identify Models?, *Journal of European Social Policy*, 6(2), 87-100.

渥美由喜 (2010) 『イクメンで行こう！――育児も仕事も充実させる生き方』日本経済新聞出版社.

Bambra, C. (2007) Defamilisation and Welfare State Regimes: A Cluster Analysis, *International Journal of Social Welfare*, 16(4), 326-338.

Béland, D. and Cox, R. H. (2011) *Ideas and Politics in Social Science Research*, Oxford University Press.

Bergmann, B. (2008) Long Leaves, Child Well-Being, and Gender Equality, *Politics & Society*, 36(3), 350-359.

BIS (2012) The Fourth Work-Life Balance Survey, Department for Business, Innovation and Skills, London.

Blum, S., Erler, D. and Reimer, T. (2016) Germany country note, Koslowski, A., Blum, S. and Moss, P. eds. *International Review of Leave Policies and Research 2016*. (http://www.leavenetwork.org/lp_and_r_reports/, 2016.11. 2).

Bonoli, G. (2007) Time Matters: Postindustrialization, New Social Risk, and Welfare State Adaptation in Advanced Industrial Democracies, *Comparative Political Studies*, 40(5), 495-520.

Brewer, M., Catten, S. and Crawford, C. (2014) State Support for Early Childhood Education and Care in England, Emmerson, C., Johnson, P. and Miller, H. eds. *IFS Green Budget 2014*, London: Institute for Fiscal Studies, 172-197. (www.ifs.org.uk/budgets/gb2014/gb2014_ch8.pdf, 2016.11.2).

Brind, R., Norden, O., McGiniga, S., et al. (2011) Childcare and Early Years Provision: Providers' Survey 2010, Nottingham: Department of Education.

Bruning, G. and Plantenga, J. (1999) Parental Leave and Equal Opportunities:

Experiences in Eight European Countries, *Journal of European Social Policy*, 9(1), 195-209.

Burri, S. and Aune, H. (2013) Sex Discrimination in Relation to Part-Time and Fixed-Term Work: The Application of EU and National Law in Practice in 33 European Countries, European Network of Legal Experts in the Field of Gender Equality, European Commission.

Cho, E. (2014) Defamilization Typology Re-examined: Re-measuring the Economic Independence of Women in Welfare States, *Journal of European Social Policy*, 24(5), 442-454.

Ciccia, R and Bleijenbergh, I. (2014) After the Male Breadwinner Model? Childcare Services and the Division of Labor in European Countries, *Social Politics: International Studies in Gender, State & Society*, 21(1), 50-79.

Ciccia, R and Verloo, M (2012) Parental Leave Regulations and the Persistence of the Male Breadwinner Model: Using Fuzzy-Set Ideal Type Analysis to Assess Gender Equality in an Enlarged Europe, *Journal of European Social Policy*, 22(5), 507-528.

Clarke, K. (2006) Childhood, Parenting and Early Intervention: A Critical Examination of the Sure Start National Programme, *Critical Social Policy*, 26(4), 699-721.

Cohen, B., Moss, P., Petrie, P., et al. (2004) *A New Deal for Children?: Re-forming Education and Care in England, Scotland and Sweden*, Policy Press.

Crompton, R. (1999) *Restructuring Gender Relations and Employment: The Decline of the Male Breadwinner*, Oxford University Press.

Crompton, R., Brockmann, M. and Lyonette, C. (2005) Attitudes, Women's Employment and the Domestic Division of Labour: A Cross National Analysis in Two Waves, Work, *Employment and Society*, 19(2), 213-233.

Daly, M. (2011) What Adult Worker Model? A Critical Look at Recent Social Policy Reform in Europe from a Gender and Family Perspective, *Social Politics: International Studies in Gender, State & Society*, 18(1), 1-23.

den Dulk, L. (2015) Netherlands country note, Moss, P. ed. *International Review of Leave Policies and Research 2015*. (http://www.leavenetwork.org/lp_and_r_reports/, 2016.11.2).

den Dulk, L. (2016) Netherlands country note, Koslowski, A., Blum, S. and Moss, P. eds. *International Review of Leave Policies and Research 2016*. (http://www.leavenetwork.org/lp_and_r_reports/, 2016.11.2).

Department for Education and Employment (1998) Meeting the Childcare Challenge, Cm 3959, London: The Stationery Office.

Department for Employment and Skills, Department for Work and Pensions, HM Treasury, et al. (2002) Delivering for Children and Families: Inter-Departmental Childcare Review,

Dingeldey, I. (2001) European Tax Systems and Their Impact on Family Employment Patterns, *Journal of Social Policy*, 30(4), 653-672.

DTI (2003) Flexible Working: The Right to Request and the Duty to Consider: A Guide for Employers and Employees.

Duvander, A.-Z., Haas, L., and Hwang, P. (2016) Sweden country note, Koslowski, A., Blum, S. and Moss, P. eds. *International Review of Leave Policies and Research 2016*. (http://www.leavenetwork.org/lp_and_r_reports/, 2016.11. 2).

Esping-Andersen, G. (1990) *The Three Worlds of Welfare Capitalism*, Princeton University Press. (=2001, 岡沢憲芙・宮本太郎監訳『福祉資本主義の三つの世界——比較福祉国家の理論と動態』ミネルヴァ書房.)

Esping-Anderson, G. (1999) *Social Foundations of Postindustrial Economies*, Oxford University Press. (=2000, 渡辺雅男・渡辺景子訳『ポスト工業経済の社会的基礎——市場・福祉国家・家族の政治経済学』桜井書店.)

Esping-Andersen, G. (2009) *Incomplete Revolution: Adapting Welfare States to Women's New Roles*, Polity Press. (=2011, 大沢真理監訳『平等と効率の福祉革命——新しい女性の役割』岩波書店.)

Esping-Andersen, G. ed. (1996) *Welfare States in Transition: National Adaptations in Global Economies*, Sage. (=2003, 埋橋孝文監訳『転換期の福祉国家——グローバル経済下の適応戦略』早稲田大学出版部.)

Esping-Anderson, G., Gallie, D., Hemerijck, A. and Myles, J. eds. (2002) *Why We Need a New Welfare State*, Oxford University Press.

European Commission (2014) Key Data on Early Childhood Education and Care in Europe, Luxembourg: Publications Office of the European Union.

Eurofound (2009) European Company Survey 2009.

Fagan, C. and Lallement, M. (2000) Working Time, Social Integration and Transitional Labour Markets, O'Reilly, J., Cebriean, I. and Lallement, M. eds. *Working-Time Changes: Social Integration through Transitional Labour Markets*, Edward Elgar Publishing, 25-60.

Fagan, C., Hegewisch, A. and Pillinger, J. (2006) Out of Time: Why Britain Needs a

New Approach to Working Time Flexibility, Research Report for the TUC, Trades Union Congress.

Ferragina, E. and Seeleib-Kaiser, M. (2014) Determinants of a Silent (R) evolution: Understanding the Expansion of Family Policy in Rich OECD Countries, *Social Politics: International Studies in Gender, State & Society*, 22 (1), 1-37.

Fleckenstein, T. and Lee, S. (2012) The Politics of Postindustrial Social Policy: Family, Policy Reforms in Britain, Germany, South Korea, and Sweden, *Comparative Political Studies*, 47 (4), 601-630.

Folbre, N. and Nelson, J. (2000) For Love or Money - Or Both?, *Journal of Economic Perspectives*, 14 (4), 123-140.

Fraser, N. (1997) *Justice Interruptus: Critical Reflections on the "Postsocialist" Condition*, Routledge. (=2003, 仲正昌樹監訳『中断された正義——「ポスト社会主義的」条件をめぐる批判的省察』御茶の水書房.)

深澤和子 (2003)『福祉国家とジェンダー・ポリティックス』東信堂.

Gerson, K. (1993) *No Man's Land: Men's Changing Commitments to Family and Work*, Basic Books.

Gheera, M., Gillie, C., Kennedy, S., et al. (2014) Government Support for Childcare under the Labour Government 1997-2010, House of Commons Library.

Gilligan, C. (1982) *In a Different Voice*, Harvard University Press.

Glass, N. (1999) Sure Start: The Development of an Early Intervention Programme for Young Children in the United Kingdom, *Children & Society*, 13 (4), 257-264.

ゴールドマン・サックス (2014)「ウーマノミクス4.0——今こそ実行の時（短縮版）」(http://www.goldmansachs.com/japan/our-thinking/pages/womenomics4.0-2014/womenomics4.0.pdf, 2016.11.2).

Gornick, J. C. and Meyers, M. K. (2003) *Families that Work: Policies for Reconciling Parenthood and Employment*, Russell Sage Foundation.

Gornick, J. C. and Meyers, M. K. (2008) Creating Gender Egalitarian Societies: An Agenda for Reform, *Politics & Society*, 36 (3), 313-349.

Hacker, J. (2005) Policy Drift: The Hidden Politics of US Welfare State Retrenchment, Streeck, W. and Thelen, K. eds. *Beyond Continuity: Institutional Change in Advanced Political Economies*, Oxford University Press, 40-82.

橋本宏子 (2006)『戦後保育所づくり運動史——「ポストの数ほど保育所を」の時代』

ひとなる書房.

Himmelweit, S. and Sigala, M. (2004) Choice and the Relationship between Identities and Behaviour for Mothers with Pre-school Children: Some Implications for Policy from a UK Study, *Journal of Social Policy*, 33(3), 455-478.

HM Treasury, Department for Education and Skills, Department for Work and Pensions, et al. (2004) Choice for Parents, the Best Start for Children: A Ten Year Strategy for Childcare, London: The Stationery Office.

堀江孝司 (2001)「福祉国家類型論と女性の就労」『大原社会問題研究所雑誌』509, 16-31.

堀江孝司 (2005)『現代政治と女性政策』勁草書房.

居神浩 (2003)「福祉国家動態論への展開──ジェンダーの視点から」埋橋孝文編著『比較のなかの福祉国家』ミネルヴァ書房, 43-67.

今井貴子 (2008)「イギリス労働党の現代化と政治選択 (1994-9年)──制度再編と政治アクター」『ヨーロッパ研究』7, 51-73.

Javornik, J. (2014) Measuring State De-familialism: Contesting Post-socialist Exceptionalism, *Journal of European Social Policy*, 24(3), 240-257.

Jenson, J and Saint-Martin, D. (2003) New Routes to Social Cohesion? Citizenship and the Social Investment State, *Canadian Journal of Sociology*, 28(1), 77-99.

鎌倉治子 (2009)「諸外国の課税単位を基礎的な人的控除──給付付き税額控除を視野に入れて」『レファレンス』706, 103-130.

Kamerman, S. B. and Kahn, A. J. (1994) Family Policy and the Under-3s: Money, Services, and Time in a Policy Package, *International Social Security Review*, 47(3-4), 31-43.

Kilkey, M. (2006) New Labour and Reconciling Work and Family Life: Making It Fathers' Business?, *Social Policy & Society*, 5(2), 167-175.

木本喜美子 (2010)「企業社会の変容とジェンダー秩序」木本喜美子・大森真紀・室住眞麻子編著『社会政策のなかのジェンダー』明石書店, 3-35.

木本喜美子・深澤和子 (2000)『現代日本の女性労働とジェンダー──新たな視角からの接近』ミネルヴァ書房.

北明美 (2010)「児童手当政策におけるジェンダー」木本喜美子・大森真紀・室住眞麻子編著『社会政策のなかのジェンダー』明石書店, 102-135.

Kittay, E. F. (1999) *Love's Labor: Essays on Women, Equality, and Dependency*, Routledge. (=2010, 岡野八代・牟田和恵監訳『愛の労働あるいは依存とケア

の正義論』白澤社.）

Knijn, T. and Kremer, M.（1997）Gender and the Caring Dimension for Welfare States: Toward Inclusive Citizenship, *Social Politics: International Studies in Gender, State & Society*, 4（3）, 328-361.

国立社会保障・人口問題研究所（2016）『第15回出生動向基本調査（結婚と出産に関する全国調査）』.

小宮文人（2001）『イギリス労働法』信山社.

近藤康史（2006）「比較政治学における『アイディアの政治』──政治変化と構成主義」『年報政治学』2, 36-59.

Korpi, W.（2000）Faces of Inequality: Gender, Class, and Patterns of Inequalities in Different Types of Welfare States, *Social Politics: International Studies in Gender, State & Society*, 7（2）, 127-191.

Koslowski, A., Blum, S. and Moss, P. eds.（2016）*International Review of Leave Policies and Research 2016*.（http://www.leavenetwork.org/lp_and_r_reports/, 2016.11.2）.

厚生労働省（2011）『平成23年度全国母子世帯等調査結果報告』.

厚生労働省（2013）『平成25年国民生活基礎調査の概況』.

厚生労働省（2015）『平成27年度雇用均等基本調査概要全体版』.

Kremer, M.（2007）*How Welfare States Care: Culture, Gender and Citizenship In Europe*, Amsterdam University Press.

Kröger, T.（2011）Defamilisation, Dedomotication and Care Policy: Comparing Childcare Service Provisions of Welfare States, *International Journal of Sociology and Social Policy*, 31（7）, 424-440.

黒田祥子・山本勲（2014）「従業員のメンタルヘルスと労働時間──従業員パネルデータを用いた検証」独立行政法人経済産業研究所, RIETI Discussion Paper Series 14-J-020.

草野厚（2012）『政策過程分析入門』第2版, 東京大学出版会.

Labour Party（1997）New Labour‐Because Britain Deserves Better, Labour Party Manifesto 1997, London: Labour Party.

Leitner, S.（2003）Varieties of Familialism: The Caring Function of the Family in Comparative Perspective, *European Societies*, 5（4）, 353-375.

Lewis, J.（1992）Gender and the Development of Welfare Regimes, *Journal of European Social Policy*, 2（3）, 159-173.

Lewis, J.（2009）*Work-Family Balance, Gender and Policy*, Edward Elgar.

Lewis, J.（2013）Continuity and Change in English Childcare Policy 1960-2000,

Social Politics: International Studies in Gender, State & Society, 20(3), 358-386.

Lewis, J. and Campbell, M. (2007) UK Work/Family Balance Policies and Gender Equality, 1997-2005, *Social Politics: International Studies in Gender, State & Society*, 14(1), 4-30.

Lewis, J. and Campbell, M. (2008) What's in a Name? 'Work and Family' or 'Work and Life' Balance Policies in the UK since 1997 and the Implications for the Pursuit of Gender Equality, *Social Policy & Administration*, 42 (5), 524-541.

Lewis, J., Campbell, M. and Huerta, C. (2008) Patterns of Paid and Unpaid Work in Western Europe: Gender, Commodification, Preferences and the Implications for Policy, *Journal of European Social Policy*, 18(1), 21-37.

Lewis, J., Cuthbert, R. and Sarre, S. (2011) What are Children's Centres? The Development of CC Services, 2004-2008, *Social Policy & Administration*, 45(1), 35-53.

Lewis, J. and Giullari, S. (2005) The Adult Worker Model Family, Gender Equality and Care: the Search for New Policy Principles and the Possibilities and Problems of a Capabilities Approach, *Economy and Society*, 34(1), 76-104.

Lister, R. (1994) 'She Has Other Duties'— Women, Citizenship, and Social Security, Baldwin, S. and Falkingham, J. eds. *Social Security and Social Change: New Challenges to the Beveridge Model*, Harvester Wheatsheaf, 31-44.

Lloyd, E. (2008) The Interface between Childcare, Family Support and Child Poverty Strategies Under New Labour: Tensions and Contradictions, *Social Policy & Society*, 7 (4), 479-497.

Lloyd, E. and Penn, H. (2010) Why Do Childcare Markets Fail?, *Public Policy Research*, March-May, 42-48.

Lohmann, H. and Zagel, H. (2016) Family Policy in Comparative Perspective: The Concepts and Measurement of Familization and Defamilization, *Journal of European Social Policy*, 26(1), 48-65.

Mahon, R. (2002) Child Care: Toward What Kind of "Social Europe"?, *Social Politics: International Studies in Gender, State & Society*, 9(3), 343-379.

Mahoney, J. and Thelen, K. (2010) *Explaining Institutional Change: Ambiguity, Agency, and Power*, Cambridge University Press.

Mayeroff, M. (1972) *On Caring*, HarperCollins Publishers.

McLaughlin, E. and Glendinning, C. (1994) Paying for Care in Europe: Is There a

Feminist Approach?, Hantrais, L. and Mangen, S. eds. *Family Policy and the Welfare of Women*, University of Loughborough, 52-69.

宮本太郎 (2009)『生活保障――排除しない社会へ』岩波新書.

Morgan, K. (2008) The Political Path to a Dual Earner/ Dual Carer Society: Pitfalls and Possibilities, *Politics & Society*, 36 (3), 403-420.

Morgan, K. (2013) Path Shifting of the Welfare State: Electoral Competition and the Expansion of Work Family Policies in Western Europe, *World Politics*, 65 (1), 73-115.

Morgan, K. and Zippel, K. (2003) Paid to Care: The Origins and Effects of Care Leave Policies in Western Europe, *Social Politics: International Studies in Gender, State & Society*, 10 (1), 49-85.

Moss, P. (2014) Early Childhood Policy in England 1997-2013: Anatomy of a Missed Opportunity, *International Journal of Early Years Education*, 22 (4), 346-358.

Moss, P. (2015) *International Review of Leave Policies and Research 2015.* (http://www.leavenetwork.org/lp_and_r_reports/, 2016.11.2).

内閣府 (2013)「平成25年度家族と地域における子育てに関する意識調査」.

内閣府 (2014a)『女性の活躍推進に関する世論調査調査結果の概要』.

内閣府 (2014b)『平成26年度結婚・家族形成に関する意識調査報告書（全体版）』.

内閣府男女共同参画局 (2014)『男女共同参画白書平成26年度版』.

内閣府男女共同参画局 (2016)『男女共同参画白書平成28年度版』.

Nussbaum, M. (2003) Capabilities as Fundamental Entitlements: Sen and Social Justice, *Feminist Economics*, 9 (2-3), 33-59.

O'Brien, M., Koslowski, A. and Daly, M. (2015), United Kingdom country note. Moss, P. ed. *International Review of Leave Policies and Research 2015.* (http://www.leavenetwork.org/lp_and_r_reports/, 2016.11.2).

O'Brien, M. and Koslowski, A. (2016), United Kingdom country note, Koslowski, A., Blum, S. and Moss, P. eds. *International Review of Leave Policies and Research 2016.* (http://www.leavenetwork.org/lp_and_r_reports/, 2016.11.2).

Ochiai, E. (2009) Care Diamonds and Welfare Regimes in East and South-East Asian Societies, *International Journal of Japanese Sociology*, 18, 60-78.

落合恵美子 (2013)「アジア近代における親密圏と公共圏の再編成――『圧縮された近代』と『家族主義』」落合恵美子編『親密圏と公共圏の再編成――アジア近代からの問い』京都大学学術出版会, 1-38.

OECD (2006) *Starting Strong II: Early Childhood Education and Care*. (=2011, 星三和子・首藤美香子・大和洋子ほか訳『OECD保育白書——人生の始まりこそ力強く——乳幼児期の教育とケア (ECEC) の国際比較』明石書店.)

OECD (2015) Taxing Wages, 2015.

Orloff, A. (2009) Should Feminists Aim for Gender Symmetry? Why a Dual-Earner/Dual-Caregiver Society Is Not Every Feminist's Utopia, Gornick, J. C. and Meyers, M. K. eds. *Gender Equality: Transforming Family Divisions of Labor*, 129-157.

大沢真理 (2007)『現代日本の生活保障システム——座標とゆくえ』岩波書店.

大沢真理 (2011)「経済学・社会政策の再構築——生活保障システム論」大沢真理編『ジェンダー社会科学の可能性第2巻 承認と包摂へ——労働と生活の保障』岩波書店, 21-41.

大沢真理 (2013)「福祉レジーム論から生活保障システム論へ」『GEMC Journal』9, 6-29.

大塚陽子 (2012)「欧米の社会福祉政策とジェンダーに関する研究動向——北欧を中心として」杉本貴代栄編著『フェミニズムと社会福祉政策』ミネルヴァ書房, 240-259.

Penn, H. (2011) Gambling on the Market: The Role of For-profit Provision in Early Childhood Education and Care, *Journal of Early Childhood Research*, 9 (2), 150-161.

Pfau-Effinger, B. (1998) Gender Cultures and the Gender Arrangement: A Theoretical Framework for Cross-National Gender Research, *Innovation: The European Journal of Social Science Research*, 11(2), 147-166.

Pfau-Effinger, B. (2005) Welfare State Policies and the Development of Care Arrangements, *European Societies*, 7(2), 321-347.

Phillips, A. (2001) Feminism and Liberalism Revisited: Has Martha Nussbaum Got It Right?, *Constellations*, 8(2), 249-266.

Pierson, P. (2004) *Politics in Time: History, Institutions, and Social Analysis*, Princeton: Princeton University Press.

Pierson, P. (2011) The Welfare State Over the Very Long Run, *ZeS- Arbeitspapier*, 2, 5-30.

Randall, V. (2000) *The Politics of Child Daycare in Britain*, Oxford University Press.

Rose, R and Davies, P. (1994) *Inheritance in Public Policy: Change Without Choice in Britain*, Yale University Press.

Sainsbury, D. (1996) *Gender Equality and Welfare States*, Cambridge University Press.

Sainsbury, D. (1999) Gender and Social-Democratic Welfare States, Sainsbury, D. ed. *Gender and Welfare State Regimes*, Oxford University Press, 75-114.

Salmi, M. (2006) Parental Choice and the Passion for Equality in Finland, Ellingsæter, A. L. and Leira, A. eds. *Politicising Parenthood in Scandinavia: Gender Relations in Welfare States*, Polity Press, 145-168.

Salmi, M. and Lammi-Taskula, J. (2015) Finland Country Note, Moss, P. ed. *International Review of Leave Policies and Research 2015*. (http://www. leavenetwork.org/lp_and_r_reports/, 2016.11.2).

Salmi, M., Närvi, J. and Lammi-Taskula, J. (2016) Finland country note, Koslowski, A., Blum, S. and Moss, P. eds. *International Review of Leave Policies and Research 2016*. (http://www.leavenetwork.org/lp_and_r_reports/, 2016.11. 2).

Saraceno, C. and Keck, W. (2010) Can We Identify Intergenerational Policy Regimes in Europe?, *European Societies*, 12(5), 675-696.

佐藤郁哉 (2008)『質的データ分析法──原理・方法・実践』新曜社.

Saxonberg, S. (2013) From Defamiliazation to Degenderization: Toward a New Welfare Typology, *Social Policy & Administration*, 47(1), 26-49.

Schmidt, V. (2002) Does Politics Matter in the Politics of Welfare State Adjustment?, *Comparative Political Studies*, 35(2), 168-193.

Sen, A. (1985) Well-being, Agency and Freedom, The Dewey Lectures 1984, *The Journal of Philosophy*, 82(4), 169-221.

渋谷敦司 (1999)「少子化問題の社会的構成と家族政策」『季刊・社会保障研究』34 (4), 374-384.

新川敏光 (2011)『福祉レジームの収斂と分岐──脱商品化と脱家族化の多様性』ミネルヴァ書房.

進藤久美子 (2004)『ジェンダーで読む日本政治』有斐閣.

塩田咲子 (1992)「現代フェミニズムと日本の社会政策──1970‐1990年」『女性学研究』2, 29-52.

総務省 (2007)『平成19年就業構造基本調査』.

総務省統計局 (2011)『平成23年社会生活基本調査結果の概要』.

Social Security Programs Throughout the World (SSPTW)：Europe, 2014 (https: //www.ssa.gov/policy/docs/progdesc/ssptw/2014-2015/europe/index.html, 2016.11.2) .

Stewart, K. (2013) Labour's Record on the Under Fives: Policy, Spending and Outcomes 1997-2010, CASEpaper, CASE/176. Centre for Analysis of Social Exclusion, The London School of Economics and Political Science, London, UK. (http://sticerd.lse.ac.uk/dps/case/spcc/wp04.pdf, 2016.11.2).

Strauss, A. and Corbin, J. (1998) *Basics of Qualitative Research: Techniques and Procedures for Developing Grounded Theory* (2nd ed.). (=2004, 操華子・森岡崇訳『質的研究の基礎——グラウンデッド・セオリーの技法と手順』〔第2版〕, 医学書院.)

鈴村興太郎・後藤玲子 (2001)『アマルティア・セン——経済学と倫理学』(改装新版) 実教出版.

Sylva, K., Melhuish, E., Sammons, P., et al. (2004) The Effective Provision of Pre-School Education (EPPE) Project: Final Report, A Longitudinal Study Funded by the DfES 1997-2004, Department for Education and Skills.

武川正吾 (2007)『連帯と承認——グローバル化と個人化のなかの福祉国家』東京大学出版会.

田中弘美 (2017)「『稼得とケアの調和モデル』の実現に向けて——国際比較と移行経路」同志社大学大学院社会学研究科社会福祉学専攻博士学位請求論文.

Tipping, S., Chanfreau, J., Perry, J., et al. (2012) The Fourth Work-Life Balance Survey, Department for Business, Innovation and Skills (BIS).

所道彦 (2012)『福祉国家と家族政策——イギリスの子育て支援策の展開』法律文化社.

Tronto, J. (1993) *Moral Boundaries: A Political Argument for an Ethic of Care*, Routledge.

辻由希 (2012)『家族主義福祉レジームの再編とジェンダー政治』ミネルヴァ書房.

埋橋玲子 (2007)『チャイルドケア・チャレンジ——イギリスからの教訓』法律文化社.

埋橋玲子 (2011)「労働党政権下 (1997-2010) におけるイギリスの幼児教育・保育政策の展開」『同志社女子大学学術研究年報』62, 83-92.

埋橋孝文 (2003)「比較福祉国家論の視点と課題」埋橋孝文編著『比較のなかの福祉国家』ミネルヴァ書房, 1-7.

埋橋孝文 (2011)「福祉政策の国際動向と日本の選択——ポスト「三つの世界」論』法律文化社.

Windebank, J. (2001) Dual-Earner Couples in Britain and France: Gender Divisions of Domestic Labour and Parenting Work in Different Welfare States, Work, *Employment and Society*, 15(2), 269-290.

山脇直司（2005）『社会福祉思想の革新——福祉国家・セン・公共哲学』かわさき市民アカデミー出版部.

Yerkes, M. (2014) Collective Protection for New Social Risks: Childcare and the Dutch Welfare State, *Journal of Social Policy*, 43(4), 811-828.

横山文野（2002）『戦後日本の女性政策』勁草書房.

あ と が き

　本書は，同志社大学大学院社会学研究科社会福祉学専攻に提出した博士学位請求論文「『稼得とケアの調和モデル』の実現に向けて——国際比較と移行経路」に加筆修正を施したものである。

　本書の主な分析対象であるヨーロッパ諸国では，欧州連合（EU）を中心としてジェンダー平等政策が推進されてきた（その歴史は欧州経済共同体（EEC）時代の1957年ローマ条約にさかのぼる）。とりわけ1990年代後半からは，男女ともに労働市場と家庭生活の両方に参入する必要性が強調され，「男性稼ぎ主モデル」に代わる「稼得とケアの調和モデル」の規範性が示されてきたといえる。

　しかしそのようなヨーロッパにおいても，ジェンダーや家族にかかわる政策はもっとも論争的な領域の１つであり，各国レベルでは，ある時はより革新的な方向に，またある時はより保守的な方向に揺れながら，政策は常に変化してきた。筆者の博士課程の４年間でも各国の政策はどんどんアップデートされ，一方で最新の動向をフォローしながら他方では政策理念型の枠組みを固めていくという作業に，思いのほか苦労した。さらに2016年には，イギリスのEU離脱が国民投票によって選択されるなど政治的にも大きな動きがみられ，今後もヨーロッパの行方からは目が離せない。

　筆者はこのような現在進行形のダイナミズムを分析することで，ヨーロッパにおいていまだジェンダーや家族の問題がホット・イシューの最前線にあることを改めて認識し，またこうしたダイナミズムにこそジェンダー・家族政策研究の真髄があることを実感した。それと同時に，より根本的な問い——たとえば「ジェンダー平等とは何か」「ジェンダー平等と家族ケアは両

立可能か」といった問い——を今後さらに突きつめていく必要性も強く感じた。こうした論点への挑戦は，筆者の次の研究課題である。

　その意味では，本書は「男性稼ぎ主モデル」から「稼得とケアの調和モデル」への移行に関する最良の処方箋を提示するというよりは，その答えを見つけるための１つ目の扉を開くものであるといえるかもしれない。したがって不十分な点も多くあるだろうが，少なくとも本書では，日本における今後の政策的選択にとっても参考になるような体系的な政策論議・研究の枠組みを示すように努めたつもりである。この試みが「稼得とケアの調和モデル」に関する研究の発展にいくばくかの貢献をなし，そのような社会の実現に向けたさらなる議論の契機となれば望外の喜びである。

　学位論文と本書の執筆過程では，多くの方々にご支援いただいた。まず，主査の埋橋孝文先生には，研究の進め方から研究発表の仕方，論文の書き方まで，研究者としての基盤となるものすべてを教えていただいた。埋橋先生のご指導はいつも筆者が立ち止まっているところの何歩も先を行っており，後にそこにたどり着いてから「先生はあのときすでにここが見えていたんだ」と感服することが何度もあった。

　他方で，突拍子もないアドバイスをいただいたこともある。色々な雑念にしばられて自分の考えをストレートに書けなかった筆者に対して，ある研究者が大病を経験してから自分の好きなことを好きなように書くようになったという話をされ「田中さんも一度，病気をしてみたら？」と言われたときには笑ってしまった。変化球すぎて可笑しくて，一気にすべて吹っ切れた気持ちになった。本書において筆者の考えを少しでも読者諸賢に伝えることができたとしたら，このときのアドバイスのおかげだろう。

　このような先生の雰囲気もあり，修士・博士課程の合同で行われる埋橋ゼミはとても風通しがよく，自由でクリティカルな議論が交わされる場である。ゼミの先輩，同輩，後輩からいただいた有益なコメントやアドバイスは，本書の血となり肉となっている。また，折にふれ精神的に励ましてくれたのも

ゼミの仲間である。本当にありがとう。

学位論文の副査を務めてくださった木原活信先生，学外副査の労をおとり
くださった京都大学の落合恵美子先生からは，今後の研究を見据えた貴重な
意見をいただいた。さらに落合先生は，本書の帯を書いてほしいという筆者
の願いにも快く応えてくださった。お二方には心よりお礼申し上げたい。

学部時代からの恩師である立命館大学の深澤敦先生にも深く感謝している。
10代の頃から日本の「伝統的な」ジェンダーや家族というものに違和感を
もっていた筆者は，立命館大学産業社会学部 3 回生のときに深澤先生の
「ヨーロッパの労働と福祉とジェンダー」というゼミに入り，J. Lewisをは
じめとするヨーロッパのジェンダー政策研究に出会った。それまで抱えてい
たもやもやとした気持ちが論理的に説明され，視界が開けていくような感覚
を得たことを今でも覚えている。

さらに，Lund University（スウェーデン）への交換留学やLondon School
of Economics（イギリス）の修士課程でジェンダー研究をつづけることを勧
めてくださり，これらの留学経験をとおして学んだことは何にも代えがたい
財産となった。修士課程修了後，5 年間の社会人生活を経て博士課程への進
学について相談した際にも，力強く後押ししてくださった。いつも筆者の進
むべき道を照らし，導いていただいたことに心よりお礼申し上げたい。

次に，イギリスでのインタビュー調査にあたっても多くの方々にご協力い
ただいた。特に，インタビューを快く受けてくださった22名の調査協力者に
厚くお礼申し上げたい。かれらの多くにはHPなどで連絡先を探して直接E
メールにて調査協力を依頼したのだが，現地では割と有名なシンクタンクの
代表や官僚などが，超多忙ななか二つ返事でインタビューを受けてくれたこ
とには驚きとともに，懐の深さを感じた。

また実際に政策立案にかかわっていたような方々が，選択・決定の過程に
おいて何が良く何が悪かったのかを冷静に分析し，真摯に語ってくれる姿は
とても印象に残っている。イギリスでも「男性稼ぎ主モデル」克服の道のり

は決して平坦ではなく，その過程ではさまざまな問題や困難に直面した。まさに‘Trial and Error’の連続だったわけだが，政策をとりまくアクターの，現状を1歩でも前に進めようという推進力と過去を自省できる謙虚な姿勢には強さを感じた。‘Error’を客観的に分析し評価できる土壌があるからこそ，大胆な‘Trial’も可能になるのだろうと考えさせられた。

なお本書は，日本学術振興会特別研究員奨励費（課題番号14J01990）の支援を受けた研究成果の一部である。このような研究助成によって2か月にわたる上記のイギリス調査が可能となったことを併せて記しておきたい。

筆者は2017年4月から，同志社大学研究開発推進機構および社会学部で特任助教として勤務し，外国書講読とソーシャルワーク演習の授業を担当させていただいている。外国書講読の授業では，ジェンダーや子育て支援，ワーク・ライフ・バランスなどに関する英文記事を読み受講生たちと議論している。一回り年下の学生たちの率直な意見は，ジェンダー研究の手垢にまみれた筆者にとっては新鮮に感じることも多くあり，新たな知的好奇心を刺激される日々である。

以上のとおり振り返ってみると，学部生のときにジェンダー研究に心を奪われてから約15年の月日が流れた。若い頃からもちつづけてきた問題意識をまがりなりにも本書という1つの形にできたことを幸甚に思う。また今こうして研究者としてのスタートラインに立つことができたのは，ここでお名前を挙げられなかった先生方・友人を含め多くの方々からいただいた温かいご指導と励ましのおかげである。心より感謝するとともに，今後はみなさまからいただいたものを‘pay it forward’で少しずつでも次の世代に還元していけるよう努力していく所存である。

本書の出版にあたっては，ミネルヴァ書房の編集者である河野菜穂氏が，右も左もわからない筆者を丁寧にかつ的確に導いてくださった。心よりお礼申し上げたい。

最後に，10代の頃はそれこそジェンダーや家族に対する価値観の相違から，

両親と何度も衝突した。だがその経験をとおして芽生えた反骨精神が，のちにジェンダー研究という道を開いてくれることとなり，人生は面白いものだなと思う。このような種をまいてくれた両親には特別に感謝している。さらに両親と私のつなぎ役となってくれ，また美味しいご飯を作ってくれる妹，「稼得とケアの調和モデル」の実現は可能であることを実生活で証明してくれている夫のRichard，いつもBritish jokesで笑わせてくれるRichardの温かい家族に心からの感謝と愛を送りたい。

2017年9月　　　　　　　　　　　　　　　　　　　　　田中弘美

索　引

《著者紹介》

田中弘美（たなか・ひろみ）

1984年 三重県生まれ。
2017年 同志社大学大学院社会学研究科社会福祉学専攻博士課程（後期課程）修了。
現　在 同志社大学研究開発推進機構及び社会学部特任助教・博士（社会福祉学）。
主　著 「児童養護施設の子どもにみる自己肯定感をはぐくむ支援」埋橋孝文・矢野裕俊編著『子どもの貧困／不利／困難を考えるⅠ──理論的アプローチと各国の取組み』ミネルヴァ書房，105-114，2015年。
　　　　「M字型カーブの解消と『男性稼ぎ主モデル』からの離脱の関係」『評論・社会科学』117: 85-100，2016年。
　　　　「イギリスのECEC政策にみる連続のなかの変革」『社会福祉学』58 (1): 13-25，2017年。

MINERVA人文・社会科学叢書㉑
「稼得とケアの調和モデル」とは何か
──「男性稼ぎ主モデル」の克服──

2017年10月30日　　初版第1刷発行　　　　　　　　　〈検印省略〉

定価はカバーに
表示しています

著　者　　田　中　弘　美
発行者　　杉　田　啓　三
印刷者　　藤　森　英　夫

発行所　株式会社　ミネルヴァ書房
607-8494　京都市山科区日ノ岡堤谷町1
電話代表（075）581-5191番
振替口座　01020-0-8076番

© 田中弘美，2017　　　　　　　　亜細亜印刷・新生製本

ISBN978-4-623-08131-8

Printed in Japan

福祉資本主義の三つの世界
——比較福祉国家の理論と動態

G・エスピン-アンデルセン 著
岡沢憲芙
宮本太郎 監訳
Ａ５判三〇四頁
本体三四〇〇円

福祉レジームの収斂と分岐
——脱商品化と脱家族化の多様性

新川敏光 編著
Ａ５判三四八頁
本体五〇〇〇円

家族主義福祉レジームの再編とジェンダー政治

辻 由希 著
Ａ５判三二八頁
本体七〇〇〇円

フェミニズムと社会福祉政策

杉本貴代栄 編著
Ａ５判三〇八頁
本体三五〇〇円

福祉と労働・雇用
——福祉・社会保障政策と雇用・労働政策の密接な連携を求めて

濱口桂一郎 編著
Ｂ５判二四四頁
本体二八〇〇円

——— ミネルヴァ書房 ———

http://www.minervashobo.co.jp/